Inhalt

W0087209

1. Einleitung

„Erfolg ist die Gewohnheit, sich auf dem richtigen Weg zu befinden, bis man sein Ziel erreicht hat."
Nikolaus B. Enkelmann

Dieses wunderbare Zitat habe ich als Einleitung gewählt, weil es eine tiefe Wahrheit ausspricht. Wenn Du den Anleitungen in diesem Arbeitsbuch gewissenhaft folgst, wirst Du zwangsläufig Erfolg haben müssen! Denn das, was Du hier vermittelt bekommst, ist nicht weniger als die Kunst, auf diesen richtigen Weg zu kommen, der Dich dahin führt, wo Du ankommen möchtest!

Dieses Arbeitsbuch ist auf vielfachen Leserwunsch entstanden. Viele schrieben mich an und wollten ganz genau wissen, wie und in welcher Reihenfolge ich was getan habe, um es von einem totalen Loser, Alkoholiker, Kettenraucher und Sozialhilfeempfänger zu einem überaus erfolgreichen, reichen und glücklichen Mann zu schaffen. Hier in diesem Buch wird Dir dieser Weg als Schritt-für-Schritt-Anleitung klar und deutlich aufgezeigt. Ich werde Dir nichts verheimlichen, jeder Mensch ist in der Lage, diesen Weg zu gehen und so selbst zu einem totalen Erfolg zu werden.

Wer dieses Arbeitsbuch intensiv und ausdauernd durcharbeitet und die darin empfohlenen Anleitungen befolgt, dem wird sich in Kürze ein völlig neues, wesentlich besseres Leben offenbaren, als er es vorher hatte. Träume werden wahr!

Ich gehe davon aus, dass Du Dich schon vor dieser Lektüre mit dem Gesetz der Anziehung auseinandergesetzt hast. Dieses Buch ist nicht dazu geeignet, Dich das Gesetz der Anziehung zu lehren, sondern es ist dazu angelegt, Dir nahezubringen, was Du tun solltest, um im Leben dahin zu gelangen, wo Du hin willst. Grundvoraussetzung ist, dass Du das Gesetz der Anziehung bereits kennst und an seine Wirkungsweise glaubst.

Ich hoffe, Du weiß bereits, dass alles, was in Dein Leben tritt, von Dir selbst ausgesandt worden ist. Du selbst hast es in Deinem Inneren, Dein Unterbewusstsein hat es ausgestrahlt, und das Gesetz der Anziehung hat Dir die Äquivalente in Form von Materie und Begebenheiten gebracht.

Aber Dein Leben hat sich seit der Lektüre von DENKE! ANDERS noch nicht verbessert? Warum hat es sich noch nicht verbessert? Du weißt es nicht? Aber ich weiß es! Es konnte sich noch nicht verbessern, weil Du ähnliche Gedanken gedacht hast wie vor der Lektüre, und deshalb hat sich der Inhalt Deines Unterbewusstseins noch nicht geändert. Dein Inneres sendet immer noch dieselben Schwingungen von Mangel und Versagen ins Universum, und das Gesetz der Anziehung bringt Dir logischerweise weiterhin unbefriedigende Resultate in Dein Leben. Wenn Du Ergebnisse in Deinem Leben haben willst, die Dich glücklich machen, bist Du gezwungen, die Inhalte Deines Unterbewusstseins zu verändern. Das ist eigentlich recht simpel, Du brauchst dazu weder einen Doktortitel noch reiche Eltern. Genaugenommen brauchst Du noch nicht einmal eine umfassende Schulbildung; wenn Du lesen kannst, reicht das vollkommen aus. Es ist völlig gleichgültig, wer Du bist, welche Hautfarbe Du hast, wer Deine Eltern waren, wie gut Deine Schulbildung war, in welchem Land Du geboren bist. Weiterhin interessiert es nicht, wie Deine sexuelle Ausrichtung ist oder was Du bisher in Deinem Leben vollbracht hast.

Das Einzige, was zählt, ist, dass Du es hinbekommst, Deine Prägung von dem Istzustand in den Sollzustand zu verändern.

Ich weiß, in anderen großen Werken wie „The Secret" oder „Bestellungen im Universum" wird das nicht so dargestellt. Dort steht geschrieben, dass Du etwas nur 1x im Universum bestellen brauchst, wie in einem Katalog, und Du wirst es erhalten. Aber bei Dir funktioniert das nicht? Du hast schon oft bestellt und nie wurde geliefert? Außer bei kleinen Dingen, wie z. B. einem Parkplatz in der Innenstadt?

Auch kennst Du sicherlich noch ein paar andere Menschen, bei denen das ebenfalls nicht funktioniert hat? Nun, das ist der beste Beweis für die Aussagen in dem Standardwerk „DENKE! ANDERS".

Das ist so, weil nicht der einzelne Gedanke die Macht hat, sondern es ist die Gesamtsumme Deines Unterbewusstseins, das die Ereignisse in Dein Leben zieht, also Deine Prägung.

Sei doch mal ehrlich, wenn es so einfach wäre, dass man etwas nur einmal bestellt und es würde geliefert, dann würde selbst der Penner auf der Parkbank sitzen und würde sich seine Million bestellen und eine Villa und einen Porsche und eine Traumfrau gleich dazu. Es wäre der Traum eines jeden Losers, einen Katalog zu haben, in dem man **alles** bestellen kann, es prompt geliefert zu bekommen, aber nichts dafür bezahlen zu müssen. Das spiegelt den alten Traum der Menschheit vom Schlaraffenland wieder, wo einem die gebratenen Tauben in den Mund fliegen sollten.

Nein so einfach ist es nicht, diesen Katalog gibt es, **aber Du musst bezahlen!** Du musst sogar im Voraus bezahlen! Nichts mit Ratenzahlung und Zahlpause wie in großen Versandhäusern.

Hier in diesem Buch werden wir den Weg gehen, wie man im Voraus bezahlt, und genau das werden wir jetzt gemeinsam tun. Ich sage nicht, dass es einfach ist, nein, im Gegenteil es ist gerade **nicht** einfach. Wenn es einfach wäre, dann würde es jeder tun! Damit ist nicht gemeint, dass es kompliziert sei, nein das ist es nicht, aber es ist **Arbeit**!

Wenn Du nicht bereit bist zu bezahlen, dann leg das Buch einfach wieder weg, mach Dir ein Bier auf und guck Deine Serie. Aber ich kann Dir jetzt schon versprechen, dass Dich das auf Dauer nicht glücklich machen wird. Eher im Gegenteil: Du wirst unglücklich bleiben oder werden, denn der nagende Wunsch, ein besseres Leben zu führen, steckt ja in Dir, sonst hättest Du ein solches Buch nie in die Hand genommen!

Ich möchte Dir hiermit versichern, dass die Vorgehensweise in diesem Arbeitsbuch erprobt ist! Und ich möchte Dir versichern, dass diese Vorgehensweise wissenschaftlich ist, auch wenn es nicht in der Schule gelehrt wird.

Ich selbst habe es vorgelebt, und ich bin von einem der größten Loser zu einem erfolgreichen Geschäftsmann geworden, der jeden Tag seines Lebens in Glück, Erfüllung und Wohlstand genießt.

Die Arbeit, die wir hier machen, folgt einem bestimmten Muster.

Die meisten Menschen versuchen, wenn ihnen etwas Negatives begegnet, dieses durch äußere Handlungen in Ordnung zu bringen. Das ist aber recht mühselig, da es die wahren Ursachen nicht erkennt. **Alles,** was in Deinem Leben zu Dir kommt, hat seine wahre Ursache in den Inhalten Deines Unterbewusstseins. Nun ist es natürlich vollkommen logisch, dass, wenn Du andere – bessere – Resultate in Deinem Leben haben willst, Du **zuerst** die Inhalte Deines Unterbewusstseins ändern musst.

In diesem Buch machen wir da sozusagen die Rosskur! Das heißt, dass das, was Du hier tust, das wohl Wirkungsvollste ist, wie man sein Unterbewusstsein umprogrammiert, um danach die Resultate im Leben zu erhalten, die Du möchtest! Ich sage nicht, dass es spielend einfach ist, aber ich sage sehr wohl, dass es verdammt wirkungsvoll ist!

Zuerst werden wir unerwünschte Inhalte entfernen und dann, teils synchron, erwünschte Inhalte implantieren.

Könnte sein, dass es ein bisschen anstrengend wird. 1–2 Stunden **täglich** solltest Du einplanen, dafür kannst Du ja andere sinnlose Tätigkeiten einfach weglassen!

Etwas ganz Wichtiges vorweg:

Die Freunde, die Du jetzt hast, die hast Du, weil ihre Schwingung der Deinen gleicht!

Das heißt aber auch, dass, wenn Du erfolgreicher wirst, sich Deine Schwingung verbessert. Nun werden diese Freunde Dir erzählen, dass Du Dich so verändert hast, so komisch geworden bist usw. Dieser Prozess des Wandelns wird es mit sich bringen, dass einige Freunde aus Deinem Leben heraustreten.

Wenn Du Dein Leben verbessert hast, werden andere Freunde in Dein Leben kommen, die mehr Deiner neuen Schwingung entsprechen.

Ich war früher ein Alkoholiker, der vom Sozialamt gelebt hat. Was glaubst Du, wer meine Freunde waren? Was glaubst Du, was sie sagten, als ich aufhörte zu trinken und mich immer mehr dem Erfolg zuwandte?

Glaubst Du, sie sagten: „Geil Andreas, das will ich auch!", oder „Wie hast Du das geschafft, zeig es mir bitte!", oder „Finde ich echt gut, dass Du nicht mehr trinkst!" Nein, sie sagten: „Hebst Du jetzt ab?", oder „Bist wohl etwas Besseres geworden!", und „Bist Du jetzt unter die Spießer gegangen?", oder noch schlimmer „Nun los, trink doch endlich mal wieder einen mit uns!" usw.

Ja, ich bin jetzt tatsächlich etwas Besseres geworden als ein blöder Säufer, der keine weiteren Interessen hat, als zu rauchen und zu saufen! Ich bin jetzt stolz darauf, etwas Besseres zu sein!

Das ist ein ziemlich krasses Beispiel, aber mein Start war auch sehr tief. Ich hoffe, Du hast eine bessere Ausgangsposition.

Aber dennoch gilt: Deine Freunde werden Dich da behalten wollen, wo Du jetzt stehst! Du kannst nicht einfach das Vierfache oder Zehnfache verdienen und dieselben Freunde haben wie vorher.

Genauso wenig kannst Du andere Menschen davon überzeugen, jetzt ebenfalls erfolgreicher sein zu müssen.

Du solltest das tun, was **Du** für richtig hältst, und solltest anderen Leuten möglichst wenig davon erzählen! Sag einfach, dass Du jetzt abends keine Zeit mehr hast und gut. Sage das auch Deinem Fernseher. Wenn Deine Vorabendserie wichtiger ist als Dein Erfolg, dann vergiss es!

Werde Dir heute darüber klar, was Du wirklich willst, so aus tiefstem Herzen.

Es spielt **keine** Rolle, was Du für „realistisch" hältst oder nicht. Es geht nicht darum, dass Du Dir das wünschst, was Du glaubst, was klappen könnte, sondern Dein **Herzenswunsch** ist es! Herzenswünsche sind Deine wahren Wünsche, nur diese werden die Energie in Dir mobilisieren, dieses Programm durchzuhalten!

Wie soll das Leben Deiner Zukunft aussehen? Schreibe es stichpunktartig auf.

Schreibe auf, was Du in jedem Lebensbereich aus **tiefstem Herzen** willst! Habe auch keine Scheu, das Kind beim Namen zu nennen. Wenn Du einfach nur reich sein willst, so ist das völlig o. k. Du musst Dich da nicht nach dem Mainstream richten, die Dir immer erzählen wollen, dass man ein ausgewogenes Leben in Balance führen muss. Man **muss** überhaupt nichts und schon gar nicht, weil andere Leute es so wollen oder es ihre Meinung ist. Das Einzige, was Du wirklich musst, ist sterben und manchmal aufs Klo!

Hier geht es ausschließlich um **Deine** Wünsche, **Deine** Meinung, um weiter nichts. Lass Dich da auch nicht von anderen beeinflussen, frage am besten niemanden danach; Du würdest eben nur irgendwelche Meinungen hören, die geprägt sind von altem kirchlichem Denken oder dummen Glaubenssätzen, dass z. B. Geld nicht glücklich macht. Was **Dich** glücklich macht, das kannst ausschließlich nur **Du** wissen!

Wenn Du darüber nachdenkst, fasse es in einem Bild für Dich zusammen. Dieses Bild könnte zum Beispiel sein: Du in einer riesigen Villa mit einem Ferrari davor; Dein Traumpartner; oder Deine Firma im Dax.

Wichtig ist, dass Du verstehst, dass es kein „unrealistisch" gibt. Unrealistisch ist lediglich das, was Du für unrealistisch hältst. Aber das, was für Dich völlige Normalität ist, könnte für andere völlig utopisch sein.

Joanne K. Rowling war eine arbeitslose Lehrerin, die noch nicht mal Geld für eine Schreibmaschine oder einen PC hatte, und so schrieb sie das Manuskript für ihren ersten „Harry Potter"-Roman mit der Hand. Heute ist sie Milliardärin, hat über 400 Millionen Bücher verkauft!

Ist das realistisch?

„Wir brauchen keine Magie, um die Welt zu verändern. Wir tragen alle Macht, die wir brauchen, schon in uns: Wir haben die Macht der Imagination!"
Joanne K. Rowling

Das Bild, das Du entwirfst, sollte **Deinem Wollen** entsprechen, nicht Deinem Glauben, was möglich ist! Dieses Bild, das Du jetzt vor Dir siehst, Dein Ziel, Deine tiefsten Herzenswünsche, wird der Leuchtturm sein, der Dich immer wieder auf die richtige Spur bringt.

Jetzt steht uns ein Stück Arbeit bevor, Du wirst Ausdauer und Beharrlichkeit benötigen, um eventuelle Anfangsschwierigkeiten zu überwinden.

Also zieh es endlich durch, mit dem nötigen Herzblut, mit der nötigen Ausdauer wird es Dir gelingen, Dein Leben in die Richtung zu bringen, wie es Dich überaus glücklich macht!

Ich selbst gehöre zu diesen Menschen, die diese Ausdauer an den Tag gelegt und damit ihr Leben grandios verbessert haben. Ehrlich gesagt war es eigentlich ganz einfach, ja fast schon lächerlich, wenn man es damit vergleicht, was andere Menschen tun, um z. B. mehr Geld zu verdienen. Sie bilden sich weiter, machen z. B. ein Fernstudium über drei Jahre, um nach erfolgreichem Abschluss dessen vielleicht 400 Euro mehr im Monat zu verdienen. Ich selbst habe dieses Programm ca. sechs Monate lang durchgezogen, und mein Gehalt verzehnfachte sich von 2.000 auf 20.000 D-Mark im Monat. Das schreibe ich nicht, um Dir zu zeigen, was ich auf der Pfanne habe, sondern um Dir aufzuzeigen, was möglich ist – **jedem** möglich ist –, wenn Du Deinem Unterbewusstsein neue Inhalte aufprägst, und das kann wirklich **jeder**! Wenn ich das kann, kannst Du das schon lange! Vermutlich kannst Du es noch viel besser als ich, denn mein Start war wirklich ziemlich tief, ich war Alkoholiker und Kettenraucher, habe vom Sozialamt gelebt. Ja, ich war völlig desillusioniert, was meine Zukunft betraf, habe den Glaubenssatz gehabt, dass ich nun mal nicht Anwalt geworden bin, oder Zahnarzt, auch keine Erbtante habe und die Wahrscheinlichkeit, im Lotto richtig abzuräumen, ist eben verschwindend gering; dass es mir deshalb unmöglich ist, ein befriedigendes Leben im Wohlstand zu führen.

Aber da kannte ich die geistigen Gesetze des Lebens noch nicht.

Als ich sie dann kennenlernte, ging es unglaublich schnell, dass sich mir ein völlig neues Leben auftat. Aber auch wenn es simpel ist, ich habe es getan, diese einfachen Handlungen, die zum Verändern der Inhalte meines Unterbewusstseins geführt haben, täglich auszuführen, **ohne Wenn und Aber!**

In diesem Arbeitsbuch werde ich Dir den ganz genauen, einfachen Weg aufzeigen und mein Bestes geben, Dich zu motivieren, diesen Weg bis zum Ende zu gehen.

Ich habe es bewusst **Arbeitsbuch** genannt und nicht etwa Praxisbuch oder DENKE! ANDERS für jeden Tag, weil es zuerst **Arbeit** sein wird! Arbeit ist laut meiner Definition eine Tätigkeit, die keinen Spaß macht, aber deren Notwendigkeit man dennoch erkannt hat!

Und genau das ist es, was Du nun mal tun musst, um die Inhalte Deines Unterbewusstseins zu verändern. Und vor allem: Du musst das selbst tun! In der Zivilisation hat es sich ja so eingebürgert, dass Du mit jedem Problem zu jemand anderem gehst. Wenn Dein Auto kaputt ist, gehst Du zum Monteur, ist Deine Ehe kaputt, zum Anwalt, wenn es Dein Körper nicht mehr tut, gehst Du zum Doc. Aber das hier, das bekommt kein Psychologe hin, oder Psychiater, das musst **Du selbst** machen! Aber ich kann Dir jetzt schon Trost spenden, es ist nur eine ganz kurze Zeit, in der es „unbequem" erscheint.

Das ist ähnlich wie beim Joggen, zuerst fühlt es sich nicht so gut an, aber nach kurzer Zeit, wenn man „drin" ist, ist es so richtig gut und man mag gar nicht mehr aufhören! Und wenn Du schon seit 12 Wochen joggen gehst, dann wirst Du Dich schon im Vorfeld darauf freuen, es wieder tun zu können. Also, unbequem ist es nur für kurze Zeit, und diese kurze Zeit solltest Du durchstehen, um Dein gesamtes Leben auf ein völlig neues Level zu heben.

Denk doch mal darüber nach, wie viel Energie Du damit verschwendest, Dein unbefriedigendes Leben zu ertragen. Tag für Tag dieser Mangel, Tag für Tag dieser Wunsch nach etwas Besserem, das kostet Dich sehr viel Energie und raubt Dir die Lebensfreude! Einige Menschen leiden da ziemlich krass. Dieses Leiden kannst Du Dir komplett ersparen, indem Du Deine Prägungen veränderst, dann wirst Du automatisch ein gutes Leben haben, weil Du ja nur noch gute Schwingungen aussendest!

Damit ist nicht nur gemeint, dass Du dann mehr Geld besitzen wirst, sondern auch Deine Gesundheit wird stabiler, Deine Beziehungen zu anderen Menschen werden besser. Viele Dinge wie Zwist, Streit, Mangel und Zipperlein werden sich in Wohlgefühl auflösen! Ich weiß, das sind ziemlich große Versprechen, die ich Dir da mache, aber es entspricht der Realität. Natürlich immer nur vorausgesetzt, dass Du es wirklich umsetzt, was ich Dir empfehle. Wenn Du das Gesetz der Anziehung verstanden hast, ist es auch für Dich völlig logisch, dass man **nur so** sein Leben dauerhaft verändern kann. Alles Herumgefuhrwerke im Äußeren ist völlig verplemperte Zeit, wenn Du vorher Dein Inneres nicht verändert hast. Natürlich kann es auch Sinn machen, ein Fernstudium zu absolvieren, aber es macht nur Sinn, weil Du daran glaubst, dass es Sinn macht. Es gibt ja auch genug Akademiker, die in der Gosse sind. Aber wenn es nur Dein Glaube ist, dann kannst Du auch das Studium weglassen! Dann verändere doch einfach Deine Prägung dahingehend, dass Du reich und glücklich bist, dann brauchst Du kein Studium. Bill Gates hat sein Jurastudium abgebrochen, er hat erkannt, dass er so was nicht braucht, um Wohlstand in sein Leben zu ziehen.

Ich sagte, ich werde mein Bestes tun, Dich zu motivieren; am besten ist es natürlich, wenn Du schon mit der richtigen Einstellung daran gehst, mit der Einstellung: Das, was ich jetzt tue, ist der Grundstein dafür, dass ich selbst meine größten, meine sehnlichsten Wünsche alsbald wahrhaftig leben werde!

Und genau dahin möchte ich Dich gerne begleiten, zum Erleben Deiner sehnlichsten Herzenswünsche!
Diese, Deine Herzenswünsche sollten Dein Motivator sein!

2. Der Unterschied!

Was unterscheidet diese Schritt-für-Schritt-Anleitung zum Erreichen Deiner Ziele von anderen dieser Art?
Der Unterschied ist wirklich frappierend:
Ich hatte mal einen Hilfesuchenden, Frank B., der bei mir ein Coaching absolviert hat. Er hat sich ein Schritt-für-Schritt-Programm eines bekannten Internet-Millionärs für mehrere Hundert Euro gekauft. In diesem Programm wurde ihm dann vermittelt, was er tun muss, um in ziemlich kurzer Zeit ziemlich viel Geld im Internet zu verdienen. Er hat sämtliche Punkte korrekt umgesetzt, hat sich sogar noch professionelle Hilfe in Form eines IT-Spezialisten besorgt. Aber dennoch wurde das ganze ein Verlustgeschäft. Warum? Weil solche gewöhnlichen Schritt-für-Schritt-Anleitungen eben nicht funktionieren. **Sie können ganz einfach nicht funktionieren**, weil sie das Gesetz der Anziehung –das mächtigste Gesetz im Universum – einfach außer Acht lassen. Natürlich, wenn jemand ein Wohlstandsbewusstsein hat, dann würde es bei ihm funktionieren, wenn er ein Armutsbewusstsein hat, dann funktioniert es natürlich nicht. So war es bei Frank B., er hatte eben ein Mangelbewusstsein, und so konnte er tun, was er wollte, er hat immer nur Mangel produziert. Er hatte bereits eine kleine Firma, aber die Gewinne waren so mager, dass er als Angestellter mehr verdient hätte.

Es ist doch auch völlig logisch, Dein Unterbewusstsein strahlt 24 Stunden am Tag seine Inhalte in das Universum, dieses bringt Dir genau das wiederum als Begebenheit und Umstände zurück. **Wie soll jetzt irgendein Programm zwischen dem, was Du aussendest, und dem, was Du empfängst, treten?**
Genau das ist der Fehler in allen verallgemeinerten Dingen, die „Du tun sollst". Ob dieses Tun Erfolg hat oder nicht, liegt an Deiner Prägung, also den Inhalten Deines Unterbewusstseins, und nicht an den Dingen, die Du tust. Gut kann man das bei Diäten beobachten, die anscheinend nie funktionieren. Da gibt es Leute, die sind schlank, egal was sie essen, und da gibt es Menschen, die sind nicht schlank, egal was sie essen. Es ist also nicht das Essen oder die Diät, sondern Deine innere Prägung, die darüber entscheidet, was Du für einen Körper hast. Das ist doch auch völlig logisch: Was Du für einen Stoffwechsel hast, das bestimmt ausschließlich Dein Unterbewusstsein, niemand sonst! Dein Unterbewusstsein bräuchte lediglich etwas mehr Gas auf die Schilddrüse geben und etwas weniger Gas auf die Bauchspeicheldrüse, und ein vorher Dicker wäre bei der gleichen Ernährung und Bewegung schlank. Jetzt macht dieser Dicke eine Diät, da er aber seine Prägung noch nicht ansatzweise verändert hat, wird er die gleichen Resultate ernten wie vorher, das ist absolut logisch. Sein Unterbewusstsein wird jetzt einfach den Stoffwechsel **noch** weiter runterfahren als bisher. Er

wird sich **noch** mehr darauf konzentrieren, dass er zu dick ist, weil ja die Diät nicht anschlägt, die Folge wird sein, dass er nach der Diät durch den Jo-Jo-Effekt **noch** dicker sein wird.

Und dieses Beispiel kannst Du auf alle Lebensbereiche ausweiten, egal ob Du reich werden möchtest oder schlank oder glücklich oder alles zusammen, Du musst als Erstes Deine Prägung verändern.

Das weltliche Denken dreht sich oft darum: Wie kann ich jemand anderen dazu bringen, das zu tun, was für mich nützlich ist. Aber diese Gedanken sind unnütz, den Einzigen, den Du zu etwas bringen musst, das bist Du selbst. Du musst Dich dazu bringen, Schwingungen auszusenden, deren mentale Äquivalente Du haben willst.

Wie innen so außen, jeder Wahrheitssuchende kennt diesen Satz. Dieser Satz stellt ein eisernes Lebensgesetz dar, wenn Du etwas in Deinem Leben verändern willst, musst Du es **zuerst** in Deinem Inneren verändern! Alles andere ist reine Symptombehandlung und wird Dir niemals die erwünschten Resultate bringen!

In diesem Arbeitsbuch wird ausschließlich daran gearbeitet, die Inhalte Deines Unterbewusstseins dahingehend zu verändern, dass das, was Du ausstrahlst, auch das ist, was Du haben möchtest.

Das, was Du von anderen Autoren gelesen hast oder was viele Erfolgstrainer Dir mantraartig runterbeten, dass Du Deine Gedanken ändern sollst oder gar dass

Du Deine Handlugen ändern sollst, das solltest Du getrost vergessen. Ich weiß, es klingt mächtig arrogant, wenn man weltbekannten Autoren widerspricht, aber denke wahrhaftig darüber nach und Du wirst dem zustimmen. Niemand ist in der Lage, einfach so morgens aus dem Haus zu gehen und völlig anders zu denken als gestern! Es ist einfach nicht möglich, weil Deine Gedanken durch Dein Unterbewusstsein gefärbt sind. Dann könnte man ja einfach zu dem Dicken sagen: „Iss doch weniger", und nun tut er es dauerhaft und wird schlanker. Aber er tut es eben nicht! Warum kann er solch eine einfache Handlung, wie die Nahrungsaufnahme nicht verändern? Er soll ja jetzt kein Chinesisch lernen, für die Schachweltmeisterschaft trainieren oder auf einem Seil tanzen, nein, er soll einfach nur etwas weniger essen als sonst und fette Speisen durch magere ersetzen. Warum bekommt er das nicht hin?

Er bekommt das nicht hin, weil seine Ernährung seiner Prägung entspricht. Er ist es gewohnt, so zu essen, und deswegen tut er das.

Und so hat z. B. ein Mensch, der im Mangel aufgewachsen ist, eben eine Prägung von Mangel, und wenn er diese Prägung nicht verändert, wird er sein Leben in Mangel verbringen. Er ist es gewohnt, im Mangel zu denken, es ist seine Prägung. Wenn er etwas kauft, guckt er zuerst auf den Preis, wenn er einen Urlaub bucht, überlegt er nicht, wohin er am liebsten fliegen würde, sondern er guckt nach Schnäppchen. Wenn Du

ihm jetzt erzählst, dass er GROSS denken soll und an Reichtum denken muss, wenn er reich werden will, dann wird er Dir zustimmen, er hat es theoretisch verstanden, aber beim nächsten Einkauf wird er wieder nach den Schnäppchen gucken, weil es seine Gewohnheit ist! Unsere Aufgabe –wenn wir unser Leben verbessern wollen – besteht darin, diese Prägungen, diese Gedankenmuster zu ändern. Erst dadurch sind wir in der Lage, unseren Gedanken eine neue Richtung zu geben. Ja, so komisch es sich erst mal anhört, aber Du musst zuerst die Inhalte Deines Unterbewusstseins verändern, um dann andere Gedanken denken zu können. Das hört sich erst einmal befremdend an, da ja unser Unterbewusstsein von unseren Gedanken geprägt wird. Wenn es aber geprägt ist, bestimmt es aber nunmal unsere Gedanken. Das ist erst mal ein Dilemma, weil man ja so ein Leben lang immer nur das manifestiert, wie man in der Kindheit geprägt wurde. Da dreht man sich lebenslang im Kreis. Bei den meisten Menschen ist es ja tatsächlich so, dass sich ihr Leben lang nicht **wirklich** etwas verändert. Es verändern sich vielleicht die Begebenheiten, aber der Grundtenor bleibt immer der gleiche! Aber wir kümmern uns in diesem Arbeitsbuch darum, wie wir dieses Dilemma überwinden, wie wir die alten Prägungen durch neue, bessere ersetzen!
Das Leben passiert Dir ja nicht einfach so, es ist einfach nur die Antwort auf das, was Du selber ausgesandt hast!

Frank B. veränderte von nun an sein Inneres, zog das ganze Programm mit einer bemerkenswerten Entschlossenheit und Ausdauer durch. Langsam, Schritt für Schritt, veränderte sich sein Leben. **Es kam nicht mit einem großen Knall**, nein, es schlich sich sozusagen langsam ein. Mittlerweile führt er sehr erfolgreich seine Firma mit inzwischen 18 Mitarbeitern. Monatliche Gewinne von über 10.000 € sind für ihn zur Normalität geworden und das in nur knapp drei Jahren.

Aber er hat die einfache Wahrheit erkannt, dass man zuerst seine Prägung verändern muss in die Richtung dessen, was man haben will, um dieses dann tatsächlich zu erfahren.

Und er brachte die Disziplin auf, wirklich täglich an den Inhalten seines Unterbewusstseins zu feilen. Wenn auch Du diese Entschlossenheit, Ausdauer und Disziplin an den Tag legst, kann ich Dir versprechen, dass Dein Leben in einem Jahr **deutlich** besser sein wird, als es jetzt im Moment ist!

3. Die einzig wahre Lehre?

Die Lehre, die ich hier vertrete und wozu ich Dich zu begeistern versuche, ist deshalb so wirkungsvoll, weil sie völlig frei von weltlichem, religiösem und ideologischem Ballast ist.

Alle anderen mir bekannten Lehren denken immer in diesen Schablonen, die aber eben nur eine Meinung sind. Nehmen wir die christliche Lehre, da wird Dir erzählt, was Du tun musst, um der Gute zu sein. Das ist natürlich nur eine Meinung, der Moslem hat völlig andere Vorschriften, nach denen jemand der Gute ist. Der Jude ebenso, dort gibt es unzählige Bestimmungen, wie er sich zu verhalten hat, damit Gott ihn mag. Wenn dann aber Menschen in die Welt hinausschauen und sehen, dass dort jemand nicht nach diesen Maßstäben lebt, aber absolut gesund, reich und glücklich ist, ein anderer, der diese Vorschriften befolgt, eben krank, arm und einsam ist, dann zeigt es uns eindrucksvoll die Ungültigkeit dieser Lehren auf.

Die meisten Weltreligionen haben dazu dann mal den Schwachsinn von Himmel und Hölle erfunden, womit dann versucht wird, diese falsche Lehre geradezurücken. Derjenige, der die Lehren nicht befolgt und dennoch gesund, reich und glücklich ist, der kommt dann nach ihrer Aussage eben später in die Hölle, und der Kranke, Arme und Unglückliche, der diese Regeln befolgt, kommt dann eben in das Paradies.

In der heutigen Zeit ist an die Stelle von Religion oftmals einfach ein Gutmenschentum getreten. Jetzt erzählen Dir irgendwelche politischen Kräfte oder die Medien, was Du tun musst, um der Gute zu sein. Aber das ist einfach nur Ideologie, da sollen jetzt Meinungen einzelner für alle Gültigkeit bekommen. Oft sind es kleine, aber hochaggressive Minderheiten, die eben nur besonders laut schreien, um Gehör zu finden. Und schon wird es von den Medien so aufgebauscht, dass man meinen könnte, diese kleine Minderheit stellt die Mehrheit dar.

Aber lass sie schreien, es ist nur eine Meinung, und Du solltest Dich davon nicht beeindrucken lassen.

Auch die Lehren von vielen „Weisheitslehrern" entpuppen sich bei genauer Betrachtung als Worthülsen. Natürlich ist es sehr plakativ zu sagen: „Umgib Dich mit positiven Menschen".

Aber auch ebenso sinnlos. Wie macht man das eigentlich, sich mit Menschen umgeben?

Gehst Du zu einem Dir positiv erscheinenden Menschen, den Du im Supermarkt siehst, und sagst ihm, dass Du Dich mit ihm umgeben möchtest? Natürlich nicht, die Menschen, die Dich umgeben, ziehst Du durch Dein eigenes „Sosein" in Dein Leben. Du kannst sie Dir nicht einfach nach Gutdünken aussuchen. Gleich und Gleich gesellt sich gern. Wenn Du selbst ein sehr positiver Mensch bist, dann werden auch Deine Freunde positive Menschen sein, bist Du arm, werden es Deine Freunde ebenfalls sein. Die Menschen, die

Dich umgeben, hat Dir einfach das Gesetz der Anziehung gebracht, verändere Deine Prägung und die Menschen, die Dich umgeben, werden sich ebenfalls ändern!

Genauso wenig hilfreich sind sinnentleerte Phrasen wie „Glaube an Dich" oder „Mache Deine Erfahrungen früh". Niemand kann auf Bestellung an etwas glauben! Glauben ist ein Prozess, der durch häufiges Denken an eine Sache in Gang gebracht wird. Genaugenommen machst Du immer irgendwelche Erfahrungen, wie diese Erfahrungen geartet sind, bestimmen die Inhalte Deines Unterbewusstseins. Willst Du andere Erfahrungen, musst Du diese Inhalte verändern!

In vielen Ratgebern steht geschrieben, dass Du Dich selbst lieben sollst. Das ist absolut richtig, bloß vergessen diese Autoren zu sagen, wie Du es anstellen sollst, Dich selbst zu lieben. Niemand hat dort einen Schalter im Kopf, den er einfach auf „on" stellt. Niemand kann sich selbst oder auch einen anderen auf Bestellung lieben. Du kannst Dich eben genauso wenig auf Bestellung selbst lieben, wie Du auf Bestellung etwas glauben kannst. Auch das ist ein Prozess, der automatisch in Gang gesetzt wird; wenn Du negative Gedanken über Dich selbst auflöst und positive Gedanken über Dich selbst auf Dein Unterbewusstsein ablegst, dann wirst Du Dich irgendwann tatsächlich lieben.

4. Ausnahmslos!

Schon von Kindern wird gefordert, keine halben Sachen zu machen, wenn es darum geht, das Zimmer aufzuräumen oder den Abwasch oder die Hausaufgaben zu machen. Aber genau genommen ist das so ziemlich egal, ob bei solch nichtigen Dingen äußerste Sorgfalt an den Tag gelegt wird oder nicht. Wenn man es richtig durchdenkt, ist es noch nicht einmal möglich, sich bei Dingen voll ins Zeug zu legen, denen man keine Begeisterung abgewinnen kann.

Aber umso mehr Begeisterung solltest Du in Deine Lebensplanung legen, und das sollte Dir auch vorzüglich gelingen. Denn da geht es schließlich um nichts Geringeres, als was für ein Leben Du führst. Da Du dieses Buch liest, gehe ich davon aus, dass Du eine Person bist, die ein absolut erfüllendes Leben als erstrebenswert betrachtet. Also lass die alten Beschränkungen hinter Dir! Sprüche wie: „Lieber den Spatz in der Hand, als die Taube auf dem Dach" solltest Du getrost ignorieren und Dir denken: „Ich will die Taube in der Hand, und ich werde sie bekommen".

Laut dem Gesetz der Anziehung ist es völlig unnötig, Beschränkungen irgendeiner Art zu akzeptieren. Du selbst bist es, der jegliche Situation in Deinem Leben erschafft. In Deiner Welt bist Du der einzige Schöpfer. In Deiner Welt bist Du buchstäblich Gott. Vielleicht klingt das für manche Ohren nach Blasphemie oder auch einfach nur nach Schwachsinn, aber es ist weder das eine noch das andere.

Du bist der Schöpfer einer jeden Situation Deines Lebens! Das bist Du jetzt schon! Du musst also dieses Erschaffen nicht lernen wie ein Zauberschüler, Du bist schon als mächtiger Schöpfer geboren, Du musst nun lediglich Deine Gedanken auf das ausrichten, was Du willst, und Deine Gedanken abziehen von dem, was Du **nicht** willst.

Es gibt viele Menschen, die glauben, es gebe ein Primat der Ideologie über die Naturgesetze, das ist natürlich völliger Unfug, der Gravitation z. B. interessiert es nicht, ob denn da ein Heiliger oder ein Verbrecher die Treppe hinunterstürzt. Die Gravitation hat noch nicht einmal die Voraussetzungen, dass sie etwas interessieren könnte. Die Gravitation ist einfach, wie sie ist. Wenn Du im Einklang mit diesem Gesetz lebst, so kannst Du laufen, Fahrrad fahren, schwimmen, bergsteigen, ballonfliegen, und Du kannst viel Freude dabei haben.

Handelst Du hingegen nicht im Einklang mit diesem Gesetz, wirst Du ständig mit Hautabschürfungen und Prellungen zu kämpfen haben, und auf vielen Fotos wirst Du mit einem Gipsverband oder einer Halskrause zu sehen sein.

Genauso ist es mit dem Gesetz der Anziehung! Auch dieses hat keinerlei Toleranz für Unwissenheit!

Viele Menschen, die diese Ausnahmslosigkeit des Gesetzes der Anziehung nicht verstehen, regen sich täglich über andere Menschen auf, hassen diese oder verurteilen die heutige Zeit, den Egoismus der anderen, die Politiker, die Geldsysteme usw.

Sie glauben sich im Recht, weil sie denken, dass ihre Meinung, ihre Ideologie der von anderen moralisch überlegen ist.

Aber das Gesetz der Anziehung wird Dir 1:1 das in Dein Leben bringen, was Du ausgesendet hast, **egal** wie sehr Du Dich im Recht fühlst! Du kannst Dich noch so sehr im Recht fühlen, negative **Gedanken haben negative Ereignisse zur Folge, das ist Gesetz!**

Ideologie ist lediglich eine Meinung! Letztendlich glaubt sich **jeder** im Recht, der welche Ideologie auch immer vertritt! Und im Grunde hat er damit auch Recht, es gibt keine richtigen oder falschen Meinungen, das ist lediglich Ansichtssache.

Deswegen solltest Du über den Ideologien stehen und Liebe aussenden, für die Dinge, die Du magst, loben, was Dir behagt, betrachten und darüber sprechen, was Dir gefällt, was Du als harmonisch und schön empfindest.

Und **noch** mehr Liebe, Harmonie und Glück wird in Dein Leben strömen.

Eigentlich sollte jeder Mensch, der ein beliebiges Buch über das Gesetz der Anziehung gelesen hat, ab sofort niemals mehr einen anderen Menschen kritisieren, niemals mehr über etwas sprechen, was er **nicht** will. Denn er sollte ja verstanden haben, dass **alles**, was in sein Leben tritt, auch von ihm selbst angezogen wurde. Wenn man das Gesetz der Anziehung versteht, sollte man auch verstehen, dass es absolut dumm ist, sich auf etwas zu fokussieren, was man nicht in seinem Leben haben möchte. Ich möchte Dich noch mal nachdrücklich dazu ermutigen, Dich selbst zu reflektieren. Sowie Du bemerkst, dass Deine Gedanken in die Richtung „unerwünscht" gehen, unterbrich Dich selbst, wenn Du merkst, dass Deine Gespräche sich um Dinge oder Situationen drehen, die Du eigentlich nicht in Deinem Leben haben möchtest, höre auf damit. Es ist dumm, mit anderen über Dinge zu sprechen, die man **nicht** will!

Wenn andere Personen Dich in solche Gespräche verwickeln wollen, kannst Du ihnen ganz ehrlich sagen, dass Du an solchen Gesprächen nicht interessiert bist, weil sie für niemanden einen Nutzen haben. Natürlich werden Dich manche dumm angucken, aber das haben sie umsonst. Die meisten verstehen aber durchaus, dass Du Gespräche ablehnst, von denen **niemand** einen Nutzen hat.

Die Ausnahmslosigkeit des Gesetzes der Anziehung ist eine der wichtigsten Lektionen und vielleicht auch eine der schwersten. Aber was nutzt Dir die Kenntnis vom Gesetz der Resonanz, wenn Du bei jeder Kleinigkeit beginnst, andere zu verurteilen, was ja davon zeugt, dass Du dieses Gesetz gar nicht wirklich verstanden hast. Dieses wirkliche Verständnis des Gesetzes der Anziehung in seiner ganzen Bandbreite zeichnet den Profi aus, der es schafft, sich aufgrund seines Wissens ein wunderbares Leben zu erschaffen, der es schafft, in Wohlstand, Glück und Harmonie zu leben. Nach der Lektüre dieses Buches hast Du das theoretische Wissen, das solch einen Profi auszeichnet.

Die innere Welt ist die Welt, in der alles seinen Ursprung hat. Die äußere Welt ist nur eine Folge der inneren Welt oder, wie man so schön sagt, ihr Spiegel. Das ist eine ziemlich schwierige Lektion, weil jeder, der in die äußere Welt blickt, das eben nicht bestätigt sieht. Das liegt daran, weil fast jeder Mensch – selbst ein wahrer Pessimist – glaubt, dass er recht positiv eingestellt ist. So sagt Dir jeder Miesepeter, dass er ja nur Realist ist, ihm kommt es nicht in den Sinn, dass er es ja selbst ist, der nur diese negativen Dinge betrachtet, genauso gut könnte er auch positiveren Begebenheiten seine Aufmerksamkeit schenken, und er wäre dennoch Realist. Selbst wenn er nur das extrem Gute betrachtet, ist er immer noch Realist! Er sieht sich selbst besser, als er ist. Aber das, was im Äußeren ist, das wird fast immer schlechter gesehen, als es in Wirklichkeit ist. Da wird meist nur auf das Schlimmste gestarrt und alles, was gut ist, ausgeblendet. Also glaubt man, dass diese schlimme Welt ja nicht das Resultat von seinen ach so guten Gedanken sein kann.

Aber blickst Du lange und ausdauernd nach innen, wirst Du bemerken, dass die äußere Welt dieselben Konturen annimmt, die vorher die innere hatte.

Wer nur das Äußere betrachtet, der glaubt sozusagen nur an das kleine Einmaleins. Er sieht, da liegen 20 Äpfel, es sind aber 30 Personen im Raum, also werden 10 von denen keinen Apfel abbekommen. Es sei denn, einige von den 20 Personen, die einen abbekommen haben, sind bereit zu teilen. Man könnte nun aber auch glauben, der, der am rücksichtslosesten ist, mit Gewalt zu den Äpfeln drängt, andere dabei wegschubst, kann sich so seinen, vielleicht gar noch mehr Äpfel von den schwächeren sichern. Und schon haben wir eine Welt, von der die meisten glauben, dass sie so ist. Daher stammen sämtliche Meinungen, dass der Reiche der Böse ist und der Arme nur das Opfer.

Aber niemand, der so in die Welt blickt, fragt sich anscheinend, wie denn nun diese Äpfel entstanden sind, wo sie her kommen und ob es nicht vielleicht noch mehr davon gibt. Die Menschen dachten schon so, als die Welt nur 1 Milliarde Menschen zählte, dass nicht genug für alle da ist. Nun sind inzwischen 7 Milliarden von uns da, und der Wohlstand nimmt ständig zu. Schon daran kann man erkennen, dass das Märchen vom Mangel nicht stimmen kann.

Glaubst Du, dass es auf dieser Welt genug Krankheit gibt, um jeden Menschen damit überreichlich zu versorgen? Natürlich gibt es davon genug, so gesehen ist unendlich viel davon vorhanden. Jeder kann krank werden, wenn er es wirklich will. Wenn alle Menschen dieser Welt täglich ausdauernd an Krankheit denken würden, Angst davor haben würden, dann könnte jeder Mensch dieser Welt krank sein, sie wäre nicht einfach irgendwann alle. Aber wenn das richtig ist, dann muss auch der Umkehrschluss gelten, das ist logisch.

Genauso gut könnten alle Menschen dieses Planeten in bitterer Armut leben, wenn das wirklich alle wollten. Sie würden einfach die Werte vernichten, ihre Häuser und Lebensmittel verbrennen, und alle lebten in Armut. Aber auch da muss der Umkehrschluss zutreffen, das ist nur logisch.

Nun denken viele, dass aber nun gar nicht so viel Geld da ist, dass jeder genug davon haben kann. Aber das ist ein Trugschluss. Es gibt weltweit mehr als 1000 Milliardäre. Zu anderen Zeiten gab es noch nicht einmal so viele Millionäre. Heute gibt es über 10 Millionen Millionäre, es gab aber auch Zeiten, da gab es noch nicht einmal so viele Menschen auf der Welt.

Eigentlich ist es völlig egal, wie viel Geld im Umlauf ist. Stell Dir vor, ein Mensch hebt Geld vom Bankautomaten ab. Jetzt geht er zum Friseur und bezahlt dort mit einem 10-Euro-Schein. Genau dieser Schein ist bei der Friseuse abends mit in ihrem Trinkgeld. Nun geht sie mit einer Freundin in ein Café und bezahlt dort mit dem selbigen Schein. Als der Wirt abends seine Kellnerin ausbezahlt, ist genau dieser Schein wieder mit dabei, diese kauft Blumen für ihre Mutter davon, die Blumenhändlerin gibt diesen 10-Euro-Schein ihrem Gärtner, um neue Blumen zu erhalten, und dieser macht was auch immer damit. Diese Kette kannst Du unendlich fortführen, es ist immer derselbe Schein, mit dem unzählige Dinge bezahlt werden. Wenn der Schein alt wird, dann wird er ausgemustert und ein neuer wird an seine Stelle treten. So gesehen hat ein Geldschein eine unendliche Lebensdauer und er wird millionenfach ausgegeben. So gesehen ist unendlich viel Geld vorhanden.

Daran solltest Du denken, wenn Du mal wieder glaubst, dass dort Mangel in Deinem Leben ist. Ist er dort tatsächlich, so ist die einzige Ursache dafür in Deinen Gedanken und den daraus resultierenden Inhalten Deines Unterbewusstseins zu finden.

In den Medien wird uns immer gerne erzählt, dass der Reiche der Gierige ist. Ich persönlich halte das für absoluten Blödsinn! Angenommen, Du wartest **sehr** dringend auf einen Anruf, hypnotisierst sozusagen dein Telefon „klingle doch endlich!!!" Dann bist Du gierig nach diesem Anruf. Aber **genau dann** wird das Telefon nicht läuten! Es klingelt erst, wenn Du Dich gerade mit etwas anderem beschäftigst. Genauso ist es mit dem Geld, wenn Du extrem gierig bist, dann wird das Geld nicht fließen! **Denn Gier ist Mangeldenken!** Also kann ja der Reiche nicht der Gierige sein, es ist viel wahrscheinlicher, dass der Arme gierig ist!

5. Woher kommt unsere Prägung?

Niemand weiß ganz genau, wie er in seiner Kindheit geprägt wurde, es ist auch nicht notwendig, das in irgendeiner Form zu recherchieren.

Diese Prägung, die Du jetzt hast, die hast Du nun mal. Hier geht es darum, das, was jetzt ist, zu verändern, und nicht darum herauszufinden, warum Du solch eine Prägung hast.

Da gibt es sicherlich Menschen, die sind immer reich, obwohl sie nicht in Reichtum aufgewachsen sind, die aber auch noch nie wirklich an sich gearbeitet haben.

Nehmen wir mal unseren Pop-Titan Dieter Bohlen, der ist schon in recht jungen Jahren reich geworden, und er wird mit den Jahren immer wohlhabender.

Wo hat er dieses Wohlstandsbewusstsein her?

Das weiß ich auch nicht, vermutlich weiß das der Dieter noch nicht einmal selbst.

Es könnte ja sein – nur mal so rein hypothetisch –, dass die Mutter den kleinen Dieter immer zu einer bestimmten Zeit vor die Glotze gesetzt hat und dort „Dallas" gelaufen ist. Der Kleine war vielleicht tief beeindruckt davon, wie J.R. Ewing einfach das tat, was er tun wollte, ohne Rücksicht auf andere zu nehmen, und dabei steinreich war.

Ein anderer, der als Erwachsener ziemlich dick ist, wurde vielleicht immer vor der Sesamstraße abgeladen, und er bewunderte das Krümelmonster. Niemand weiß es genau woher seine Prägung kommt!

Die meistgestellte Frage von Lesern ist, wie es sich denn nun mit Kindern verhält, die schon in sehr jungen Jahren schwer erkranken oder gar missbraucht werden. Haben es diese Kinder denn auch selbst angezogen?

Die klare Antwort ist: Ja, haben sie! Auch wenn es sehr grausam klingt, aber es ist dennoch so. Kinder können noch nicht denken, ich meine **bewusst** denken. Bewusste eigene Schlüsse ziehen, Dinge infrage stellen usw., damit beginnt man vielleicht mit acht oder zehn Jahren. Diese Kinder **werden** gedacht. Für Kinder ist natürlich das Gesetz der Anziehung genauso gültig, ihnen geschieht gemäß den Inhalten ihres Unterbewusstseins, genauso wie einem Erwachsenen.

Es gibt Studien, dass Kinder, deren Mütter über Abtreibung nachdachten, mit einem geringeren Körpergewicht zur Welt kommen als erwünschte Babys. Also ist es ja logisch, dass das Kind das unbewusst mitbekommt, dass es nicht erwünscht ist.

Weiterhin gibt es viele glaubhafte Berichte über Hypnose, in denen Menschen zurückgeführt wurden. Sie konnten sich genau erinnern, was die Mutter gesprochen hat, als sie noch im Mutterleib waren. Da sie aber selbst nicht denken, können sie sich dagegen nicht wehren, sie können es gedanklich nicht zurückweisen. Wenn nun die Mutter ab Beginn der Schwangerschaft negativ denkt, was denn ihrem Baby alles Schlimmes widerfahren kann, so wird das Unterbewusstsein des Ungeborenen dies alles ungefiltert aufnehmen. Auch später, wenn das Baby in der Wiege liegt, und sich die Eltern, Tanten und Onkels darüber unterhalten, was denn alles Schlechtes passieren kann, TV-Sendungen darüber gucken, Angst verströmen usw. Das alles nimmt das Kind ungefiltert auf. Da wird das Unterbewusstsein schon absolut negativ geprägt, das Kind strahlt das alles unbewusst aus, und das Gesetz der Anziehung bringt es zu dem Kind zurück. Und so passieren eben auch Kindern schlimme Sachen, obwohl sie noch nie wirklich gedacht haben.

Genaugenommen weiß es niemand so genau, woher seine Prägung kommt. Wichtig ist zu erkennen, dass Deine Prägung in der jetzigen Form genau das ist, was Dir Dein Leben in der momentanen Form gibt.

Deine Prägung ist die Schablone Deines Lebens!

Ich hätte es auch besser gefunden, wäre ich schon mit einer Prägung aufgewachsen, die mich als Jugendlicher hätte reich werden lassen. Aber das war nun mal nicht der Fall, ich hatte eine Armutsprägung und habe damit reichlich Mangel in mein Leben gezogen. Natürlich ist es entspannter, völlig anstrengungslos zu Reichtum zu kommen und schon in jungen Jahren alles zu besitzen, was man sich wünscht, aber im Nachhinein ist das eh nicht mehr zu ändern und auch nicht zielführend, darüber nachzudenken, im Gegenteil, es ist genauso schwachsinnig, wie sich über seine Hautfarbe oder Schuhgröße zu beklagen.

Rückblickend meine Mutter dafür verantwortlich zu machen, würde ebenfalls nichts bringen, sie kannte eben diese Gesetzmäßigkeiten nicht und hat gehandelt, wie sie es zu diesem Zeitpunkt als richtig empfunden hat.

Aber so wie Saulus zum Paulus wurde, kann jeder Mensch mit einer vorwiegend negativen Prägung zu einem Individuum werden, das vorwiegend positive Inhalte vorzuweisen hat. Diese Inhalte sind letztendlich dafür verantwortlich, wie Dein Leben verläuft, was Du erreichst oder auch nicht!

Dein Leben in jeder Situation ist lediglich ein Ausdruck Deines Unterbewusstseins.

Die Inhalte Deines Unterbewusstseins kannst Du radikal verändern, wenn Du es wirklich willst. Es gibt genug Beweise auf dieser Welt, dass es durchaus möglich ist, sich aus verzweifelter Armut zu befreien und aufzusteigen zu unermesslichem Reichtum.

Diese Menschen, die da aufgestiegen sind, waren niemals irgendwelche Jammerlappen, die sich nur über ihre Vergangenheit und deren gefühlte Ungerechtigkeit beklagten, sondern mutige Leute mit einem Traum, mit einer Vision, auf die sie sich ohne Wenn und Aber fokussiert haben!

6. Das Allheilmittel

Wenn Du Dein Unterbewusstsein mit neuen, schöneren Inhalten füllen möchtest, dann sollte Dir einleuchten, dass Du vorher negative Inhalte eliminieren solltest.

Du würdest ja auch nicht auf die Idee kommen, in einer völlig vermüllten Wohnung neue, schöne Dinge rein-stellen zu wollen. Du würdest selbstverständlich vorher den Müll raustragen und lüften, bevor Du beginnst, etwas Schönes hinzuzufügen.

Genauso müssen wir es mit Deinem Unterbewusstsein tun! Du kannst noch so oft versuchen, schöne Dinge zu denken, wenn Dein Inneres voll ist von latentem Hass, von Ressentiment, von tief vergrabener Feindschaft, von Antipathie gegenüber anderen Menschen usw., dann wird es Dir gar nicht wirklich gelingen, überhaupt positiver zu denken.

Du kannst es versuchen, aber es wird Dir nicht in dem Maße gelingen, dass es die Macht hat, Dein Leben zu verändern.

Die meisten Menschen, die das Gesetz der Anziehung kennengelernt haben, versuchen mehr oder weniger durch positive Affirmationen, ihr Leben zu verändern, aber den meisten gelingt es nicht, und sie geben nach kurzer Zeit wieder auf.

In 99% aller Fälle, wo Menschen ihre Ziele nicht errei-chen, liegt es daran, dass sie vergessen haben, zuvor den Müll runterzubringen!

Sie versuchen tatsächlich, in dieser „vermüllten Wohnung", wo Speisereste vor sich hingammeln, schöne Akzente durch einen Blumenstrauß zu setzen.

Das Allheilmittel ist, diesen Müll aus Deinem Unterbewusstsein herauszubringen, jeden Tag ein kleines bisschen. Nun kann man das Unterbewusstsein natürlich nicht mit einer Wohnung vergleichen, diese wäre relativ schnell aufgeräumt.

Das Unterbewusstsein speichert jeden Gedanken Deines Lebens, jede einzelne Emotion, die Du jemals gefühlt hast. Da ist es genaugenommen schier unmöglich, dort den genauen Überblick zu haben und zu sagen, „na, hier liegt noch was rum und dort auch". Wenn ein Mensch 60.000 Gedanken am Tag denkt, dann sind es bei einem 40-Jährigen schon mal 876 Millionen Gedanken. Auch wenn wir die ersten Lebensjahre nicht bewusst gedacht haben, so wurden uns eben Gedanken anderer eingetrichtert. Wie viele Gedanken sind davon positiv? Niemand weiß es, aber bei den meisten Menschen herrschen Gedanken von Kritik und Verurteilung vor. Das fängt schon bei völlig simplen Dingen an, z. B. Du guckst einen Film, da hast Du sofort ausgemacht, wer da der Böse ist, und wenn Du auch nicht Dein ganzes Herzblut hineingibst, wünschst Du Dir trotzdem irgendwie, dass dieser „Böse" am Ende des Filmes bestraft wird.

Das ist nur ein Beispiel von vielen, was glaubst Du, was da so im Familienkreise, auf der Arbeit, in der

Freizeit oder sonst wo bei den meisten Leuten abgeht? Sie hassen ihren Chef, ihre Kollegin, ihren Nachbarn, sind neidisch auf ihren Mitmenschen, mögen diesen und jenen nicht, können mit dem und diesen nicht, reden hinter dem Rücken von jenem und welchem. Das hört sich ziemlich krass an, ist aber Realität fast überall auf der Welt! Stell Dir vor, nur jeder dritte Gedanke wäre ein nicht so guter. Das würde heißen, dass ein 40-Jähriger 292 Millionen nicht so gute Gedanken gedacht hat. Stell Dir vor, Du bräuchtest für jeden dieser Gedanken nur eine Minute, um diesen wieder zu neutralisieren, dann wären das 555 Jahre, die Du damit zubringen müsstest. Ich möchte Dir hiermit nur die Dimension darstellen, wie viel Negatives in jedem Menschen schlummert. Das heißt ja nicht, dass Du damit täglich konfrontiert bist, nein, es ist tief begraben in Deinem Unterbewusstsein, aber dennoch ist es in Dir drin und trägt zu Deinem „Sosein" bei. **Diese Gedanken sind zu einem Teil von Deinem Charakter geworden!** Charakter ist im Grunde nur ein anderes Wort für Prägung. Und diese alten negativen Gefühle, die da in Dir schlummern, beeinflussen jeden einzelnen Gedanken, den Du jetzt denkst! Um also ein wirklich positiver Mensch zu werden, muss das alte „Schlechte" eliminiert werden. Angenommen, ein kleines Mädchen steht mit der Mutter im Supermarkt und im Kassenbereich ist eine Puppe, die ihr gefällt, und sie will sie unbedingt haben. Nun sagt aber die Mutter „Nein" mit der Begründung, dass das Mädchen ja schon genug Puppen hat, dann kann dies von dem Mädchen als tiefe Ungerechtigkeit empfunden werden. Vielleicht hat sie es 30 Minuten später schon wieder vergessen, aber dennoch wurde dieses negative Gefühl in ihrem Unterbewusstsein abgelegt und schlummert dort bis zu ihrem Tod, wenn sie nicht mal vorher dort aufräumt. Am nächsten Tag schaut sie dann dabei zu, wie die Mutter ihr sechsunddreißigstes Paar Schuhe kauft, die sie ebenso wenig braucht wie das Kind die Puppe. Das Kind fühlt sich einfach ungerecht behandelt und merkt, dass ihm Intelligenz und Objektivität abgesprochen werden.

Diese negativen Inhalte Deines Unterbewusstseins sind verantwortlich dafür, dass Du Deine sehnlichsten Träume nicht leben kannst. Wenn Dein Unterbewusstsein zum größten Teil von positiven Gedanken geprägt wäre, dann hättest Du absolut **alles**, was Du Dir tief in Deinem Inneren ersehnst. Nehmen wir mal Mutter Theresa oder Bill Gates, an ihren permanenten Lächeln konnte oder kann man erkennen, dass sie eine überaus gute Prägung aufzuweisen hatten bzw. haben. Mutter Theresa sah man häufig, wie sie in Slums den Kindern half, und man hatte daher den Eindruck, dass sie selbst arm war. Aber ihre Stiftungen haben Hunderte Millionen Dollar generiert. Mutter Theresa konnte in die Vorstandsetage eines beliebigen amerikanischen Konzerns gehen und hat dort ohne Probleme alles an Unterstützung bekommen, was auch immer sie wollte. Sie war unglaublich reich und mächtig, das ist ausschließlich den Inhalten ihres Unterbewusstseins entsprungen.

Und das kann genaugenommen jeder!

7. Aufräumen

Nun lass uns beginnen, als Erstes die negativen Prägungen aus Deinem Unterbewusstsein zu neutralisieren. Das ist eine ganz einfache Übung, die Du aber jeden Tag ausnahmslos eine Stunde lang ausführen solltest. Wie schon des Öfteren erwähnt, ist das erst mal Arbeit, die sich auch anfangs unbequem anfühlen wird. Diese Übung basiert auf der Tatsache, dass negative Empfindungen immer irgendeiner Person oder einem Phänomen zuzuordnen sind. Entweder Dir selbst oder eben einer anderen Person oder zum Beispiel dem Wetter oder dem Zufall. Das ist so, weil Du so geprägt wurdest, dass schließlich immer irgendjemand oder irgendwas dafür verantwortlich ist, wenn Dir selbst etwas geschieht, was Du als negativ empfindest. Das ist bei allen Menschen so, es sei denn, Du wurdest schon als Säugling mit den Wahrheiten des Gesetzes der Anziehung aufgezogen. Aber wäre das der Fall, würdest Du jetzt sicherlich keine Bücher mehr darüber lesen, um zu versuchen, Dein Leben zu verbessern.

Also nehmen wir mal an, Du hast als Kind Mangel empfunden, weil Du das neue Fahrrad nicht zum Geburtstag bekommen hast, dann hast Du ja nicht Deinen eigenen Glauben dafür verantwortlich gemacht, sondern eben die Eltern, die Dir dieses Geschenk verwehrt haben. Und schon hast Du negative Gefühle Deinen Eltern gegenüber, egal ob diese nun gerechtfertigt sind oder nicht. Kann ja sein, dass es nur so eine fixe Idee von Dir war, Du wolltest dieses Fahrrad haben, weil ein anderer Junge aus der Klasse es auch hatte. Du wolltest es, obwohl Dein eigenes Fahrrad noch durchaus o. k. war. Natürlich haben Deine Eltern dieses Verlangen als nicht notwendig deklassiert, was Dich aber gefühlt in Deiner Autonomie untergräbt. Wenn Du dann ein Jahr später den Eltern recht gibst und erkennst, dass dieser Wunsch ja nur ein kurzer Spleen war, dann ist aber dieses negative Gefühl Deinen Eltern gegenüber immer noch in Deinem Unterbewusstsein verankert. Wenn Du Dich nicht darum kümmerst, bleibt es dort, bis Du irgendwann den Löffel abgibst. Selbst wenn Dir etwas passiert, wo keine andere Person dran beteiligt ist, mal angenommen, es ist glatt und Du rutschst recht schmerzhaft aus, dann verfluchst Du den Idioten, der es versäumt hat zu streuen, oder das Wetter, Deine Schuhe oder Dich selbst. Und schon sind wieder negative Gefühle in Dein Unterbewusstsein gewandert.

Aber dieses negative Gefühl, gepaart mit vielen, vielen anderen negativen Gefühlen ist es, das verhindert, dass das Gute, dass Du Dir schon so lange wünschst, endlich in Dein Leben treten kann.

Also musst Du nun als Erwachsener beginnen, Dein Unterbewusstsein von solchen alten Ressentiments zu befreien.

Dazu nimmst Du Dir einen Block Papier und beginnst zu schreiben:

Ich habe mir selbst und allen Menschen dieser Welt restlos und absolut vergeben, ich *habe* vergeben, *allen alles!*

Wenn Du diesen Satz das erste Mal zu Papier gebracht hast, schließt Du Deine Augen und gehst in eine beliebige Situation Deines Lebens. Nehmen wir hier einfach mal die Schulklasse, Du gehst jetzt als Erwachsener hinein und gehst zu einem Mitschüler von damals, den Du nicht besonders leiden konntest. Du gehst zu ihm hin und sagst so was wie: „Ich konnte Dich früher nie leiden, das tut mir leid, ich vergebe Dir alles, was Du auch immer getan hast, was dieses Gefühl in mir auslöste."

Oder irgendwie so ähnlich, der genaue Wortlaut ist in diesem Falle nicht so wichtig, es muss sich für Dich richtig anhören. Danach gehst Du zu dem Nächsten, den Du nicht besonders mochtest usw. Also: immer einmal diesen Satz schreiben, danach Augen schließen und zu einem Menschen gehen und ihm vergeben.

Wenn Du in Deiner Schulklasse keinen mehr findest, dann gehst Du eben in das Lehrerzimmer oder auf den Schulhof und machst dort weiter. Meistens zeigt Dir dann Dein Unterbewusstsein schon Menschen auf, zu denen Du hingehen und ihnen vergeben sollst, das geht völlig automatisch und bereitet keinerlei Anstrengung. Oft ist es irgendwie themenbezogen, so hatte ich dann Tage, wo Ex-Partnerinnen vor mir auftauchten, an anderen Tagen waren es die Familienmitglieder, von denen einer nach dem anderen in meinen Geist kam.

Ich rate Dir, nicht zu akuten Fällen zu gehen. Also wenn Dich heute ein Kollege fürchterlich geärgert hat, nimm ihn am Abend nicht mit in die Vergebung, weil da zu viel aktuelle Emotion mitschwingt. Dann ärgerst Du Dich nur weiter, das macht keinen Sinn. Beginne immer mit älteren Fällen, die Du schon aus einer gewissen Distanz betrachtest.

Du wirst auch zu richtig üblen Situationen aus deiner Vergangenheit geführt werden und durchlebst diese eventuell noch einmal. Das kann –nein, es **wird**- recht schmerzhaft werden, aber Du solltest allen Beteiligten deine uneingeschränkte Vergebung zuteilwerden lassen. Jetzt kommt die Akzeptanz ins Spiel, die wir im nächsten Kapitel behandeln. Der Mensch war eben, wie er war, ebenso wie Du warst, wie Du nun mal warst. Oftmals sind es beendete Liebesbeziehungen, die große Verwerfungen auslösen und negative Gefühle in krasser Dimension hervorrufen. Du musst bei der Vergebung erkennen, dass dieser Ex-Partner eben so gehandelt hat und auch dafür seine Gründe hatte, es war o. k.! Schließlich hattest Du Dir diesen Partner **selbst** ausgesucht! Es war **Deine** Wahl. Du hast ja sicherlich auch schon mal eine Beziehung beendet und hattest dafür eben Deine Gründe! Auch wenn der andere Deine Gründe nicht nachvollziehen konnte. Du hast so gehandelt, weil Du –laut den Inhalten Deines Unterbewusstseins – so und nicht anders handeln konntest. Dem anderen ging es genauso, es ist o. k. Ein paar Monate später durchlebst Du diese Situation vielleicht erneut, beim Praktizieren Deiner Vergebung, und Du merkst, dass es eine wertfreie Erinnerung geworden ist. Und genau das ist das Ziel, alte Erinnerungen, die mit negativen Gefühlen verbunden sind, zu wertfreien Begebenheiten zu transformieren. Denn dieses negative Gefühl steckt noch in Dir und auch wenn Du es nur sehr selten spürst, ist es dennoch in Deinem Unterbewusstsein und trägt zu Deinem „Sosein" bei.

Durch das Schreiben wird Dich dieser Satz wie ein Mantra, wie eine Hintergrundmusik, die ganze Übung lang begleiten, oftmals hält das noch einige Zeit nach der Übung an.

Wichtig ist, dass Du diese Übung sehr gewissenhaft ausführst, das heißt: Radio, Fernseher und PC aus, nur Du, Dein Stift und Dein Blatt Papier! Falls Du totale Stille nicht magst, lege Dir Entspannungsmusik ein.

Dieses Schreiben ist wesentlich intensiver, als würdest Du es nur denken. Denn nun denkst Du es, Du schreibst es, Du siehst es, Du sagst es leise vor Dir her, Du hörst es und Deine Hand fühlt es. Das potenziert sich mehrfach gegenüber dem „Nur-Denken".

Wenn Du das jeden Tag tust, wirst Du merken, dass Du unbewusst auch oft zu denselben Menschen oder Situationen geleitet wirst, das ist kein Problem, von einmal imaginärem Handschütteln oder Schulterklopfen ist das ja noch nicht getan. Das ist eher zu vergleichen mit einem sehr schmutzigen Gegenstand, wo Du ja auch nicht nur einmal drüberwischst, sondern eher unzählige Male, bis er wieder glänzt.

So simpel, wie diese Übung ist, stellt sie doch das mächtigste Werkzeug zum Manifestieren einer wunderbaren Zukunft dar, vorausgesetzt Du führst diese Übung intensiv und beständig und dauerhaft aus.

Das ist wie mit allen Dingen im Leben, Du kannst ja zum Beispiel auch nicht erwarten, dass wenn Du einer Frau einmal Blumen mitbringst, diese Dir nun für alle Zeit dankbar ist. Wenn Du einen Muskel nur einmal trainierst, dann wird er ebenso wenig wachsen wie eine Pflanze, die Du nur einmal bewässerst.

Und so ist diese Vergebung als Übung zu betrachten, die Du **jeden Tag** ausführst. Was ist schon eine Stunde jeden Tag? Was machen die meisten Leute abends? Sie sitzen sinnlos vor der Glotze oder telefonieren mit Menschen, mit denen sie gestern schon telefoniert haben, nur um wieder den neusten Tratsch zu verbreiten, oder sie hocken in der Kneipe, um sich dumme Stammtischphrasen anzuhören.

Nimm Dir diese eine Stunde am Abend frei und tue es, als ob Dein Leben davon abhinge! Genaugenommen hängt tatsächlich Dein Leben davon ab. Nicht unbedingt Dein **Überleben**, aber zumindest, in welchen Bahnen Dein Leben in Zukunft verlaufen wird. Das ist wirklich die mächtigste Waffe gegen alles Schlechte in

Deinem Leben. Wenn Du es gewissenhaft ausführst, dann wirst Du merken, dass Du Dich danach wesentlich besser fühlst als davor. Dieses „Besserfühlen" wird mit der Zeit ein Dauerzustand, soll heißen, Dein Wohlfühllevel wird ab dem Tag, wo Du mit der Vergebung beginnst, stetig ansteigen und ungeahnte Höhen erreichen. Ich persönlich fühle mich wahrhaftig jeden Tag ausgezeichnet! So was wie „schlechte Tage" gibt es in meinem Leben gar nicht mehr. **Jeder Tag ist ein guter Tag! Ausnahmslos!**

Das hört sich vielleicht für viele unwirklich an, weil man es gewohnt ist, sich über andere zu ärgern, sich schlecht zu fühlen, sich ungerecht behandelt zu fühlen usw. Aber ich kann Dir versichern, wenn Du diese Übung mit Ausdauer und Leidenschaft ausführst, wird das alles der Vergangenheit angehören, und es kommt der Tag, wo Du Dich gar nicht mehr daran erinnern kannst, wie es denn ist, sich schlecht zu fühlen.

Von da an beginnt Dein Leben wirklich umwerfend gut zu werden! Alleine dieses tägliche Hochgefühl würde es rechtfertigen, täglich diese Übung auszuführen. Aber Du sollst wissen, dass das ja nur der Anfang ist. Dieses „Gutfühlen" sind positive Schwingungen, die Du ins Universum sendest, und das Universum wird Dir Begebenheiten und Materie in Dein Leben bringen, die dieser Schwingung entsprechen. Du wirst einfach keine negativen Gedanken mehr denken können, Du wirst an

Deinen Erfolg glauben, und Deine Erwartungen werden immer besser.

Ich beschäftige mich schon seit über 20 Jahren mit dem Gesetz der Anziehung, aber ich habe noch nie ein Tool kennengelernt, das es nur ansatzweise mit der intensiven Vergebung hätte aufnehmen können. Es ist wirklich magisch, wie damit alles in kurzer Zeit verändert werden kann.

Ursula M. schrieb mich an, sie war am Ende und suchte dringend Hilfe. Sie hatte DENKE! ANDERS gelesen und verstand das Gesetz der Anziehung in der Theorie. Aber ihr Leben war alles andere als angenehm, ihr Mann hatte sie nach 15 Jahren Ehe verlassen, ihr Job bereitete ihr fast körperliche Schmerzen, weil ihr Chef, dessen Assistentin sie war, ein ausgesprochener Choleriker war, der bei kleinsten Anlässen Tobsuchtsanfälle bekam.

Sie hatte nervöse Hautausschläge, war übergewichtig und hatte keinerlei zwischenmenschliche Beziehungen zu anderen Menschen.

Uschi absolvierte bei mir ein E-Mail-Coaching, in dessen Verlauf ich ihr die Praktik des Vergebens nahelegte. Sie war fest von dem Wunsch beseelt, ihr Leben zu einer lebenswerten Angelegenheit zu machen, und schrieb täglich fast schon mit Besessenheit ihre Vergebung.

Bereits nach drei Wochen begannen sich die Dinge zu verbessern, ihre nervösen Hautausschläge ließen nach und sie nahm zumindest nicht weiter zu.

Zwei Monate später schrieb sie mir, dass ihr Chef befördert worden sei und in einer anderen Niederlassung tätig wäre. Ihr neuer Chef war ein äußerst umgänglicher, angenehmer Zeitgenosse, der Sie und ihre Tätigkeit zu schätzen wusste.

Vor einem Monat, so schrieb sie, hatte sie sich in einem Sportstudio angemeldet, wo sie viel angenehmen Kontakt zu anderen Menschen herstellte. Sie wurde langsam wieder schlanker und ihre Gesundheit war stabil.

Die Vergebung schreibt sie heute noch, sie sagt, dass sie süchtig danach sei.

Und deshalb weiß ich mit Gewissheit, dass ich noch weiterhin große Erfolgsstorys von ihr zu lesen bekommen werde.

Ähnlich war es ja auch in meinem eigenen Leben gewesen. Ich steckte irgendwie fest und kam einfach nicht weiter.

Zu dieser Zeit hatte ich schon meinen Tiefpunkt im Leben überwunden, ich arbeitete in der Finanzbranche, kam aber einfach nicht voran. Da schrieb ich eines Abends groß mit Edding die Frage auf ein Blatt Papier: Wie erreiche ich am schnellsten meine Ziele, liebes Unterbewusstsein, gib mir die **ANTWORT!**

Am nächsten Morgen hatte ich gleich nach dem Erwachen eine Stimme im Kopf, die mir sagte: „Du musst vergeben." Da es meine eigene Stimme war –also nichts Spektakuläres oder Gruseliges –, habe ich es einfach nicht für voll genommen. Ich hatte schon vorher oft über Vergebung gelesen, aber ich mochte es nicht, für mich hatte das immer so einen kirchlichen Touch. Aber nun hörte ich den ganzen Tag von Zeit zu Zeit „Du musst vergeben."

Nun ja, ich nahm es nicht für voll, also am Abend wieder das Blatt Papier auf den Nachttisch, wieder schlief ich bei Licht ein mit Fokus auf diese Frage an mein Unterbewusstsein.

Am nächsten Tag wieder dasselbe Resultat. Nun, manchmal bin ich ja etwas langsam im Verstehen, also nahm ich es auch diesmal nicht für voll und absolvierte am Abend zum dritten mal dieses Ritual. Auch am nächsten Tag das gleiche Ergebnis. Am späten Nachmittag begann dann diese Stimme im Kopf mich langsam abzunerven. Ich fragte laut in den Raum: „Was ist denn das hier die ganze Zeit für eine Scheiße mit der Vergebung?"

Genauso unspektakulär wie vorher sagte die Stimme: „Das ist die Antwort".

Nun endlich hatte ich begriffen, es fiel mir wie Schuppen von den Augen, ich dachte bloß: „Mann, bin ich blöd", setzte mich an meinen Tisch, nahm einen Block Papier und erfand und schrieb diese vorhin genannte Affirmation.

Ich wusste ganz tief in meinem Inneren, dass das der Weg zu meiner persönlichen Freiheit war, also schrieb ich diesen Satz eine Stunde am Morgen und eine Stunde am Abend.

Das Resultat war überwältigend! Innerhalb von wenigen Monaten hatte ich ein völlig neues Leben! Vorher kämpfte ich mich ohne große Freude durch die Finanzbranche, hatte ein mäßiges Einkommen von ca. 2000 DM im Monat.

Nun, leise, schleichend, aber beständig wandelte sich mein Leben vollständig. Ich bekam aus heiterem Himmel gute Chancen, die mich ohne Eigenkapital ein eigenes Ladengeschäft eröffnen ließen. Der Erfolg dieses Geschäftes war grandios, mein verfügbares Einkommen verzehnfachte sich, ich hatte plötzlich einen völlig neuen sozialen Stand erreicht. Es war ein wahrer Quantensprung, den ich da hinlegte. Und das Einzige, was ich dazu tat, war einen Satz auf ein Blatt Papier zu schreiben. Ich weiß, das mag sich für viele Menschen mit einem weltlichen Denken nach Schwachsinn anhören. Das liegt daran, dass diese denken, dass da was im Äußeren bewegt werden muss, aber das ist nun mal nicht der Fall. Das Einzige, was Du tun musst, ist, die Inhalte Deines Unterbewusstseins zu verbessern. Wenn Du dann Deine Prägung verbessert hast, werden durch das Gesetz der Anziehung völlig anstrengungslos bessere Begebenheiten in Dein Leben strömen. Das, was

Du jetzt hast, bekommst Du ja aufgrund Deiner jetzigen Prägung ebenso anstrengungslos in Dein Leben.

Auch war jetzt meine Antipathie gegen die Vergebung wie weggeblasen, ich liebte es zu vergeben. Ich finde es nicht mehr im Mindesten als irgendwie kirchlich geartet, nein, es ist **meine persönliche Generalamnestie.** Ich bin der Chef in meinem Leben und ich gebe an alle, die mich eventuell mal verletzt haben, und sei es nur durch ihre Andersartigkeit oder schlicht durch ihre Anwesenheit, eine Generalamnestie heraus. Damit tue ich **ausschließlich** mir selbst etwas Gutes, indem ich die negativen Gefühle aus meinem Inneren herauslasse. Und als Folge wird das Negative auch mein Leben verlassen, das ist einfach nur logisch. Je mehr negative Inhalte Du in Deinem Inneren hast, umso mehr negative Resultate wirst Du in Deinem Leben bekommen. Auch wenn die Welt, die ständig nach einem Schuldigen sucht, das noch nicht verstanden hat. Aber es sollte Dir egal sein, was die Welt denkt und glaubt. Jeder Mensch hat das Recht zu glauben, was er will. Wenn Du aber erkennst, dass nur Du selbst die Macht über Dein Leben hast, dann machst Du Dich von den anderen negativen Menschen unabhängig. Du musst lediglich bei Dir selbst aufräumen, und in Deinem Leben werden Wunder über Wunder geschehen. Andere werden sich hinstellen und werden davon reden, dass Du ja nur Glück gehabt hast. Das war bei mir auch der Fall. Aber ich habe am rechten Mittelfinger eine Schwiele vom Schreiben, also wenn irgendwer erzählt, dass ich nur Glück hatte, dann betrachte ich meine Schwiele und weiß es besser!

Wie schon erwähnt, habe ich verstanden, dass man Vergebung nur für sich selbst macht. Es ist eine höchst egoistische Verhaltensweise, anderen zu vergeben. Der andere, dem Du da vergibst, der wird von Deinen Bemühungen in den meisten Fällen gar nichts mitbekommen. Viele Menschen, denen Du vergibst, leben gar nicht mehr, und die, die leben, die merken es meistens gar nicht. Du bist auch nicht im Mindesten gezwungen, es irgendjemanden zu erzählen. Tue es einfach, tue es für Dich selbst und Deinen Weg in ein zauberhaftes Leben!

Ob andere Menschen Dich hassen, das sollte Dir so ziemlich egal sein, Du kannst daran nichts ändern, indem Du Dein Verhalten so gestaltest, dass es ihnen gefällt.

Sei Du selbst, aber vergib anderen unabhängig davon, ob diese Dir ebenfalls vergeben haben.

Genau betrachtet ist die Vergebung die Mutter aller Erfolgstechniken! Das soll heißen, dass ohne die Vergebung andere Techniken nicht fruchten können, weil eine Grundbedingung für ein wundervolles Leben nun mal ist, dass Du frei bist von negativen Emotionen.

Wenn Du ein Beet hast und Du möchtest schöne Blumen aussäen, wäre es für jeden völlig logisch, dass man zuerst das Unkraut entfernt. Es ist absolut folgerichtig, dass auf einem von Unkraut überwuchertem Beet keine Blumensamen gedeihen können. Wie viele Menschen kennst Du, die viele Affirmationen haben, ihre Ziele visualisieren, aber einfach nicht vorankommen? Diese haben einfach den ersten und wichtigsten Schritt außer Acht gelassen.

8. Die Akzeptanz als Heilsbringer!

Die Akzeptanz ist deshalb so wichtig, weil Du jedes Mal ein negatives Gefühl auf Dein Unterbewusstsein ablegst, wenn Du einen Menschen nicht zu 100% akzeptierst.

Da brauchst Du gar nicht groß zu kritisieren, einfach indem Du diesen Menschen betrachtest und ihn aus irgendwelchen Gründen ablehnst, legst Du sozusagen einen Virus auf Deiner Festplatte ab. Mit der Vergebung arbeiten wir ja schon daran, alte Viren runterzulöschen, die Akzeptanz wird dafür sorgen, dass keine neuen hinzukommen.

Zuerst beginnen wir damit, dass Du Dir selbst diese 100%ige Akzeptanz entgegenbringst.

Alles, was Du jemals in Deinem Leben getan hast, war gut, richtig und zu diesem Zeitpunkt nicht anders zu machen!

Dieser Satz mag sich vielleicht erst einmal etwas befremdend anhören, aber wenn Du Dir mal die Zeit nimmst, darüber nachzudenken, wirst Du es schnell verstehen.

Alles, was Du jemals getan hast, hast Du getan, weil Du es in **diesem Augenblick** als gut, richtig oder zumindest notwendig erachtet hast.

Gehe zurück, an eine beliebige Stelle Deines Lebens, vielleicht zu etwas, was Du getan hast und wo in Dir noch heute, lange Zeit später, Gefühle der Scham aufsteigen. Jeder hat so was in seinem Leben. Aber wenn Du Dich bemühst, wirst Du erkennen, dass Du aus Deiner damaligen Sicht einen guten Grund für Deine Tat hattest. Auch wenn Du diesen Grund heute nicht mehr nachvollziehen kannst. Das heißt lediglich, dass sich Deine Prägung geändert hat, deswegen kannst Du es nicht mehr verstehen. Aber in **dem Augenblick damals** hieltest Du es zumindest für notwendig, was Du tatest, **sonst hättest Du es nicht getan!**

Wenn Du Dein gesamtes Leben so betrachtest, wirst Du merken, dass, egal was es war, Du immer einen guten Grund hattest und Deine Handlungen als richtig oder zumindest notwendig angesehen hast. Oder Du hast es „gedankenlos" oder im Affekt getan, aber auch dann nur auf Grund Deiner damaligen Prägung! **Du konntest nicht anders handeln!**

Selbstverständlich verändern sich Menschen, und auf einmal haben sie andere Ansichten als noch vor zwei Jahren. Sich nun aber hinzustellen und zu sagen: „Hätte ich damals bloß nicht...", ist da nicht besonders zielführend. Damals hast Du es als zumindest notwendig erachtet. Also belasse es dabei. Jetzt, Jahre später etwas aus der Vergangenheit zu bereuen, lässt nur wieder negative Gefühle aufkommen, die dann wieder in Deinem Unterbewusstsein abgelegt werden.

Also: Wenn Du etwas getan hast, dass Du heute bereust oder, dass Dir gar peinlich ist, dann erkenne, dass Du das in diesem Augenblick nicht anders tun konntest. Es gibt kein „Du hättest auch anders handeln können".

Das ist eine völlig schwachsinnige Betrachtungsweise! Du hättest eben **nicht** anders handeln können! Du hast ja **Deine** Handlung als gut, richtig oder zumindest notwendig erachtet! Also war eine andere Handlung einfach nicht möglich!

Lies Dir diesen Abschnitt noch mal durch, damit Du es verinnerlichst, denn das ist eine der wichtigsten Erkenntnisse in Deinem Leben. Ich weiß, das hört sich vielleicht merkwürdig an, aber es ist tatsächlich so. Zu wissen, wie Dein Auto funktioniert oder Dein Telefon, mag vielleicht schon wichtig sein, aber zu wissen, wie das Erschaffen Deiner Zukunft funktioniert, ist meines Erachtens noch wesentlich wichtiger! Solange Du latente Schuld in Dir hast, weil Du irgendwann etwas getan hast, was Du heute bereust, wirst Du ausstrahlen: **Ich bin es nicht wert, dass alle meine Wünsche in Erfüllung gehen!**

Und solange Du das aussendest, können sich Deine Herzenswünsche eben nicht manifestieren.

Weiterhin weiß ich, dass die Masse anders denkt, meistens in Schuldzuweisungen, jeder sucht krampfhaft nach Fehlern des anderen. Gerade in den politischen Auseinandersetzungen geht es meistens ziemlich unterirdisch zu. Man könnte meinen, es mit einem Haufen Schwachköpfen zu tun zu haben, die ihre Zeit damit verplempern, danach zu gucken, ob ein anderer etwas falsch gemacht hat. Aber dieses weltliche Denken ist nun mal nicht der Weg zur Erfüllung.

Jeder Mensch handelt ausnahmslos nach seiner Prägung, angenommen, eine Frau schlägt ihr Kind, dann tut sie das auch, weil sie es in diesem Moment als richtig oder notwendig empfindet. Vielleicht sieht sie das schon ein paar Minuten später anders und es tut ihr leid, aber als sie es getan hat, war es, aufgrund ihrer Prägung, die einzige Entscheidung, derer sie fähig war.

Diese Erkenntnis ist so gewaltig, weil sie Dich wesentlich leichter Dir selbst vergeben lässt, weil Du dadurch erkennst, dass Du sozusagen immer richtig gehandelt hast. Auf Grundlage Deiner Prägung konntest Du nicht anders handeln.

Ja, das ist eine schwere Lektion, weil andere Menschen Dir schon Dein gesamtes Leben lang einreden wollen, dass Du falsch handelst. Nicht nur, dass Du falsch handelst, sondern dass es überhaupt möglich ist, dass ein Mensch falsch handelt. Denn was für Dich gilt, gilt natürlich auch für jeden anderen!

Täglich hören wir so einen Schwachsinn in den Medien, dass da wieder jemand falsch gehandelt hat und er es hätte besser wissen müssen usw. Aber dieser Mensch hat sich einfach nur nach seiner Prägung verhalten, das sind, wie schon erwähnt, bei einem 40-Jährigen fast eine Milliarde Gedanken, aus denen sich diese Prägung zusammensetzt. Diese fast eine Milliarde Gedanken in dieser Zusammensetzung hat nur dieser Mensch. Niemals wird es zwei Menschen auf der Welt geben, die genau dieselbe Prägung vorzuweisen haben! Also ist es völliger Unfug zu behaupten, jemand habe falsch gehandelt.

Es gibt keine guten und schlechten Menschen, diejenigen, die Deine eigene Meinung vertreten, wirst Du als gut bezeichnen, Du wirst sagen, der ist voll in Ordnung oder der ist o. k., andere, die eine völlig andere Meinung haben als Du, wirst Du als schlecht bezeichnen, oder sie haben eine Macke, ticken nicht richtig oder sind nicht ganz dicht. Hat jemand den selben Fahrstil wie Du, dann ist er ein guter Autofahrer, hat er einen anderen, ist er entweder ein rücksichtsloser Raser oder eine Schlaftablette oder ein Verkehrshindernis, je nachdem in welche Richtung Deine eigene Art zu fahren tendiert. Aber im Grunde gibt es keine richtigen und keine falschen Menschen. Nur weil jemand eine andere Prägung erhalten hat als Du, ist er ja noch lange nicht schlecht. Er ist anders, vielleicht auch nicht kompatibel mit Dir, aber dennoch ist es Verschwendung von Zeit und Energie, ihn zu kritisieren und als schlecht darzustellen.

Es gibt Kulturkreise, da giltst Du als besonders schlau und clever, wenn Du Deine Geschäftspartner übers Ohr haust oder Deinen Angestellten möglichst wenig bezahlst. In vielen Gegenden dieser Welt bist Du nur dann ein wahrer Mann, wenn Du Deine Frau züchtigst. Viele bekommen auf dieser Welt einen Orden, weil sie besonders viel und gut getötet haben. Es sind Meinungen. Die einzige Meinung über Meinungen, die Dich nach vorn bringt, ist, dass Du das so anerkennst, dass es eben nur Meinungen sind und jeder seine eigene haben darf. Er wurde so geprägt, er ist halt so, seine Freunde finden seine Meinung auch gut und richtig.

Und genau diesen Gedanken solltest Du jetzt in Dein Vergebungsritual mit einfließen lassen.

Wenn Du durch Deine Vergangenheit streifst und anderen Menschen die Hand gibst, wisse, dass sie nicht anders handeln konnten! Es war ihnen aufgrund ihrer Prägung ihres Unterbewusstseins schlicht und ergreifend nicht möglich, anders zu handeln!

Wenn Du Dir diese Anschauung zu eigen machst, fällt Vergebung natürlich wesentlich leichter, und Dein Unterbewusstsein wird noch schneller von negativen Inhalten befreit sein! Und wenn es das ist, werden Deine Schwingungen, die Du ins Universum sendest, eben wesentlich positiver, und so werden Deine Erfahrungen es ebenfalls sein!

Vergebung ist deswegen so wirkungsvoll, weil sie schlechte Inhalte automatisch aus dem Unterbewusstsein herauslöscht.

Angenommen, Dir ist in der Kindheit etwas Unangenehmes geschehen, dann ist das ganz, ganz tief in Deinem Unterbewusstsein vergraben. Du bist nicht täglich damit konfrontiert, aber es gärt unterschwellig. Nehmen wir als Beispiel, dass Dich im Kindergarten ein rothaariger Junge gehänselt oder geschlagen hat. Daraus könnte resultieren, dass Du rothaarige Männer nicht magst.

Vielleicht hast Du 30 Jahre später einen rothaarigen Kollegen. Er könnte sehr nett und hilfsbereit sein. Du magst ihn aber **trotzdem** nicht und weißt gar nicht, warum das so ist. Du kannst ihn einfach nicht leiden, ohne einen Grund dafür zu erkennen! Dieser Grund ist tief in Dir vergraben. In den meisten Fällen so tief, dass Du die ursprüngliche Ursache nicht erkennst oder zu mindestens keinen Zusammenhang herstellst. Wenn Du jetzt täglich Vergebung praktizierst, dann lösen sich diese negativen Gefühle in Deinem Unterbewusstsein auf.

Du musst verstehen, dass jetzt nicht dieser rothaarige Junge aus dem Kindergarten den Gewinn hat, wenn Du ihm vergibst, sondern Du selbst hast ihn! Der Junge wird es vermutlich niemals erfahren, dass Du ihm überhaupt vergeben hast, kann sein, dass Du selbst es noch nicht einmal bemerkst.

Dass Du einen anderen Menschen nicht magst, das ist emotionaler Müll, der aber in **Deinem Unterbewusstsein** lagert. Mache kein Endlager daraus! Vergebung beseitigt diesen Müll und reinigt Dein Unterbewusstsein! Es ist eine Art Generalamnestie. Du machst sozusagen einfach das Tor auf und Negativitäten werden verschwinden, ohne dass Du es immer bemerkst. Dieses negative Gefühl ist tief in **Deinem** Unterbewusstsein abgespeichert. Nun, da es gelöscht wird, bist **Du** derjenige, der den Nutzen davon hat.

Verdrängte negative Gefühle sind die größte Belastung eines jeden Menschen. Wir **alle** haben solche vergrabenen negativen Gefühle, wegen gefühlter Ungerechtigkeiten in der Kindheit, verletzter Gefühle in der Pubertät usw.

Wenn unser PC von Viren befallen ist, dann spielen wir ein Antivirenprogramm rauf und dieses erledigt den Rest.

Aber die meisten Menschen laufen durch das Leben und sind randvoll mit negativen Gefühlen, die sie schon mehr als ihr halbes Leben mit sich rumschleppen. Diese müssen unbedingt runter, weil sie das gesamte System beeinträchtigen. Du kannst niemals reich und glücklich werden, wenn Dein Unterbewusstsein von latentem Hass durchdrungen ist.

Schreibe weiter die Vergebung, tue es mit Gefühl und voller Konzentration in dem Wissen, dass es das mächtigste Instrument ist, um Dein Leben grandios und nachhaltig zu verbessern!

Alles Übel auf dieser Welt rührt daher, dass Menschen glauben, ihre Wünsche seien richtig und andere Wünsche seien falsch!

Würde jeder jeden erschaffen lassen, was er will, **ohne** es zu kritisieren, dann hätten wir das Paradies auf Erden. Das sagt uns schon die Schöpfungsgeschichte in der Bibel. Adam und Eva wurden aus dem Paradies vertrieben, weil sie von der Frucht des Baumes der Erkenntnis über Gut und Böse genascht hatten.

Bevor sie über Gut und Böse Bescheid wussten, bevor sie urteilen konnten, waren sie im Paradies!

Als sie die Erkenntnis über Gut und Böse erlangten, wurden sie vertrieben. Und nun urteilen sie und sind nicht im Paradies. Es ist also das Urteil über Gut und Schlecht, das uns vom Paradies (Glückseligkeit) trennt. Wenn Du dieses Urteil nicht fällst, sondern jeden Menschen sein lässt, wie er nun mal ist, dann hast Du die besten Voraussetzungen, wahrhaft glücklich in allen Bereichen Deines Lebens zu werden, dann bist Du in Deinem Paradies!

Dazu solltest Du einfach jeden Menschen so lassen, wie er ist! Wir hatten das am Anfang schon mal, dass **alles**, was Du jemals getan hast, auch einen guten Grund hatte. Es heißt ja nicht, dass andere das nachvollziehen können oder müssen, warum Du etwas tatest! Aber genauso wenig musst Du nachvollziehen können, warum ein anderer etwas tut. Selbst wenn es für Dich abartig ist, vielleicht Gewalt oder gar ein Mord.

Im Grunde **geht es Dich nichts an!**

Kümmere Dich um **Deins!** Male Dir **Deine** Zukunft aus und visualisiere sie täglich mehrmals. Dadurch wird sich Dein Fokus immer mehr auf das Erwünschte richten. Du wirst jetzt in Deinem Alltag mehr erwünschten Dingen begegnen, unerwünschte Begebenheiten werden zuerst weniger, später ganz verblassen.

Arbeite weiter an Dir selbst, denn das ist die bestbezahlte Arbeit der Welt!

Natürlich hört sich das sehr egoistisch an, und das ist es auch! Möchtest Du, dass sich jemand einmischt, wie Du andere Personen behandelst, wie viel Strom Du verbrauchst, was Du für Filme magst, was Du isst? Nein, das geht andere nichts an! Aber genauso wenig geht es Dich etwas an, was ein anderer für Dinge tut, von denen Du behauptest, sie nie zu tun. Das ist **seine** Sache!

Verschwende Deine kostbaren Gedanken und Deine kostbare Zeit nicht damit zu kritisieren, was andere mögen.

Vergib weiterhin allen Menschen, egal was sie getan haben!

9. Hass ist stärker als Liebe!

Ich hoffe, Du hast inzwischen schon intensiv Deine Vergebung praktiziert und Dich dabei wunderbar gefühlt. Es können bei den ersten Vergebungshandlungen auch ganz andere Gefühlsausbrüche folgen. Mir wurde berichtet von Wutausbrüchen, von Weinkrämpfen, manche hatten danach schlaflose Nächte, andere konnten ein paar Tage kaum etwas essen. Aber Du solltest wissen, dass das nur ein Zeichen dafür ist, dass da wirklich etwas Großes passiert, eine wirklich starke Umwälzung stattfindet, an deren Ende Du der strahlende Gewinner sein wirst! Manchmal ist das eben so, angenommen, Du fegst einen sehr schmutzigen Fußboden, da könnte es schon mal passieren, dass da richtig Staub aufgewirbelt wird. Aber der Staub wird sich verziehen, und nach einer gewissen Zeit hast Du ein strahlendes Ergebnis.

Also lass Dich von Anfangsschwierigkeiten nicht beeindrucken, sieh vor Dir das Bild von dem Leben Deiner Träume, und Du weißt, wofür Du das tust.

Eine große Hilfe auf diesem Weg, zu Deinem heroischen Ziel, wird sein, dass Du die Akzeptanz praktizierst.

Auch wenn die meisten Menschen der oben genannten Überschrift nicht zustimmen würden, ist es dennoch so.

Dass die meisten denken, es sei genau anders herum, liegt lediglich daran, dass die Liebe viel beschworen ist, in der Lyrik, in der Musik, in Filmen usw.

Aber wenn Du mal etwas genauer darüber nachdenkst, wirst Du feststellen, dass das nicht der Realität entspricht. Wenn zum Beispiel ein Mensch hasserfüllt ist gegenüber seinen Mitmenschen, aber seinen Hund über alles liebt, dann wird dieser Mensch ein sehr bescheidenes Leben führen, der Hass wird ihn zerfressen. Er wird aufgrund dieses Hasses viele Dinge in sein Leben ziehen, die er nicht möchte. Hass ist der beste Nährboden für Krankheiten aller Art!

Hass macht blind! Ein Mensch, der voller Hass auf jemanden ist, kann viele schöne Dinge des Lebens gar nicht mehr erkennen, er nimmt das Gute einfach nicht wahr. Die Liebe zu seinem Hund kann diesen Hass unmöglich kompensieren!

Viele von Euch werden jetzt sagen: „Aber ich hasse doch niemanden."

Aber ich sage Dir, Hass hat viele Abstufungen. Wenn Du jemanden nicht leiden kannst aufgrund seines Verhaltens, so ist das als „Hass light" zu betrachten. Wenn Du jemanden magst, so ist das „Liebe light". Im Grunde gibt es nur zwei Emotionen, die man anderen Menschen entgegenbringen kann, das sind Liebe und Hass, und alles andere dazwischen sind Abstufungen der beiden.

Aber Hass ist eben in der Lage, alles andere zu vergiften, das ist so, als würdest Du in ein Glas mit klarem Wasser etwas Tinte träufeln, somit würde die gesamte Klarheit verloren gehen.

Das ist eben umgekehrt nicht so, ein komplett liebevoller Mensch kann durch Hass vollständig vergiftet werden. Aber ein komplett hasserfüllter Mensch kann durch etwas Liebe zu einem Menschen oder Tier nicht gereinigt werden. Wenn Du etwas klares Wasser in ein Glas Tinte gibst, so ist es immer noch Tinte.

Deine Aufgabe besteht darin, Dein Unterbewusstsein zu reinigen. Die meisten Menschen, die sich mit dem Gesetz der Anziehung befassen, versuchen es nur permanent mit Input, sie haben viele Affirmationen ihre Wünsche betreffend, versäumen es aber, den Müll runterzubringen.

Diesen Reinigungsprozess must Du selbst in die Wege leiten, und das geht nur durch Vergebung und durch die Erkenntnis, dass andere Menschen nun mal sind, wie sie sind.

Deswegen möchte ich Dich hiermit noch einmal dazu ermutigen, jeden Abend mindestens eine Stunde die Technik der Vergebung anzuwenden. Intensiv praktiziert ist sie dazu imstande, selbst tief vergrabenen Hass aufzuspüren und zu eliminieren.

Obwohl ich die Gesetze des Lebens nun schon seit über 20 Jahren studiere, ist mir noch nie eine Technik untergekommen, die der Vergebung ebenbürtig wäre.

10. *Imagination regiert die Welt!*

Napoleon Bonaparte

Wenn Du die Vergebung gewissenhaft ausführst, sind Dir bestimmt schon Menschen in den Sinn gekommen und Du konntest ihnen vollständig vergeben. Jedes Mal, wenn Du das tust, wirst Du ein kleines bisschen freier. Stell Dir einen mit hundert Viren verseuchten PC vor, dann funktioniert da nicht mehr allzu viel, oder? Ist es in Deinem Leben vielleicht ähnlich? Mit jedem Virus, das runtergelöscht ist, wird die Funktionsfähigkeit etwas mehr wieder hergestellt.

Heute wollen wir beginnen, zusätzlich einen visuellen Kurzfilm zu drehen. Wenn ich zusätzlich meine, so heißt das, dass Du Deine Vergebung **trotzdem** tätigst! Sollte heute Abend zufällig die Welt untergehen, **dann tu es trotzdem!** Nichts, **absolut gar nichts** sollte Dich davon abhalten, denn dadurch entsteht das Leben Deiner Träume!

Zurück zu Deinem Kurzfilm. Natürlich schreiben wir dazu erst mal ein Drehbuch.

Besser gesagt, **Du** schreibst es! **Du** bist der Drehbuchautor.

Jetzt ist es wichtig, dass Du ganz genau weißt, was Du willst. Das hatten wir am Anfang dieses Arbeitsbuches bereits. Doch nun entsteht aus dem einfachen Bild ein kurzer Film.

Lass Dir nicht von anderen Menschen suggerieren, was für Dich das Beste ist. Ganz tief in Deinem Herzen weißt Du es mit großer Gewissheit, was Du wirklich willst. Darüber, was es ist, bist Du Dir ja schon am ersten Tag klar geworden.

Also beginne jetzt, dieses Drehbuch zu schreiben. Es genügt vollkommen, wenn dieser Spot 20 Sekunden lang ist, wie ein Werbespot im TV.

Ich persönlich hatte immer mehrere Spots. Damals einen für Freiheit vom Alkohol, einen für Reichtum, einen für Partnerschaft.

Alles, was in diesem Film passiert, siehst Du aus Deinen Augen, aus Deiner Perspektive. Nehmen wir das Beispiel Reichtum. Du könntest jetzt z. B. sehen:

Wie Du in Deinem Garten am Pool liegst, Dein Traumwagen in der Einfahrt steht, Dein Traumpartner neben Dir liegt und Dir erzählt, dass es wunderschön ist, dieses Leben mit Dir zu führen. Ein guter Freund oder Verwandter könnte anrufen und Dir erzählen, dass er sehr stolz auf Dich ist, wie Du es geschafft hast, Dein Leben so schnell zu verwandeln.

Du kannst auch mehrere Spots für ein Thema entwerfen. Ich habe mir damals immer vorgestellt, wie Dagobert Duck im Geld zu baden, auch wenn es albern anmutet, es fühlte sich einfach gut an.

Du könntest auch gedanklich Deinen PC anmachen, Dein Onlinebanking aufrufen und dann auf dem Bildschirm Deinen Kontostand sehen, wie Du ihn magst.

Es ist sehr hilfreich, sich einzelne Fotos immer wieder anzusehen, z. B. von Deinem Traumauto, einer Villa, die Dir gefällt. Mach ein Bildschirmfoto von Deinem Onlinebanking und manipuliere das Foto mit Deinem gewünschten Kontostand.

Wenn Du diese Bilder oft gesehen hast, wirst es Dir leichter fallen, sie in Gedanken abzurufen und zu einem Film zusammenzusetzen!

Es spielt keine Rolle, wie Du gedenkst, dass der Reichtum in Dein Leben kommt. Das kannst Du zu 100% dem Universum überlassen! Das **Wie** wird immer durch das **Was** erschaffen!

Noch einmal: **Das Wie wird immer durch das Was erschaffen!** Sieh Du Dein Ziel und zwar nur Dein Ziel, den Weg zum Ziel überlasse dem Universum, dieses kennt immer den besten, bequemsten und kürzesten Weg!

Wenn Du Deinen Spot in der Entspannung siehst, solltest Du Dich so richtig gut fühlen! Ich fühle mich noch Stunden später **richtig** gut. Dieses „Sich-gut-Fühlen" ist ein Zeichen, dass da bereits etwas in Arbeit ist. Wichtig ist jetzt, dass Du diesen Spot (und natürlich auch die anderen) verinnerlichst! Dieses neue Leben, das Du da in der Imagination erlebst, muss ein fester Bestandteil Deines Denkens werden! Das zu erreichen, ist ganz einfach. Du musst lediglich diesen Spot mindestens dreimal täglich sehen! Mehr brauchst Du nicht zu tun! Außer **natürlich die Vergebung!**

Aber entgegen dem, was andere Trainer sagen, brauchst Du jetzt nicht überall zu gucken, ob denn die Erfüllung schon auf dem Weg ist. Vergib und sieh einfach diesen Spot und ansonsten sieh zu, dass Du Dich gut fühlst. Du kannst den Manifestationen Deiner Gedanken nicht entfliehen, und sie können Dich auch nicht verpassen!

Du wirst mir sicherlich recht geben, dass, wenn ein Mensch ständig Angst vor Krankheit hat, sich ständig im TV Sendungen über Krankheiten anschaut, unentwegt über eigene Krankheiten redet, bei jedem Zipperlein das Schlimmste erwartet und sofort zum Arzt geht, dieser Mensch dann noch mehr Krankheit in sein Leben ziehen wird.

Er könnte jetzt in ein anderes Land flüchten und noch so gesund leben, er würde **trotzdem** Krankheit in sein Leben ziehen! Es ist natürlich auch immer der Umkehrschluss gültig, wenn Du Dein Unterbewusstsein rein hältst und Dich unentwegt auf Wohlstand konzentrierst, über Wohlstand nachdenkst, darüber redest, dann kannst Du dem nicht entfliehen. Selbst wenn Du z. B. Arbeit ablehnen solltest, dann wird der Reichtum eben ohne Arbeit zu Dir kommen. Es gibt genug Millionäre oder gar Milliardäre, die in ihrem Leben nicht sonderlich viel gearbeitet haben. Oftmals ist es eine einzige Idee, die sie zu ihrem Vermögen brachte!

Das Gesetz der Anziehung funktioniert immer und wird das zu Dir bringen, was Du aussendest. Du musst jetzt auch nicht besonders auf Deine Impulse achten, das ist nicht notwendig, weil Du Deinen stärksten Impulsen sowieso folgst. Durch Vergebung und Vision sorgst Du dafür, dass Deine stärksten Impulse eben die sind, die Dich unfehlbar zu Reichtum führen. Bei einem Menschen mit einem negativ geprägten Unterbewusstsein sind die stärksten Impulse eben die, die ihn zum Verlust führen und seinen Mangel nur noch verstärken.

Die einzige Arbeit besteht buchstäblich darin, Dein Unterbewusstsein zu säubern und die erwünschten Inhalte durch Vision aufzuprägen!

Wenn andere Leute Dir erzählen, dass Du nun unbedingt auch handeln musst, dann höre nicht auf sie! Durch Handeln bringst Du lediglich das in Dein Leben, was Deinen Inhalten Deines Unterbewusstseins entspricht.

Stell Dir vor, der einfache Arbeiter will reich sein. Nun beginnt er (weil es alle so sagen), einfach zu handeln. Glaubst Du, der wird jetzt reich? Natürlich nicht, selbst „todsichere" Insidertipps werden bei **ihm** zu nichts führen. Ich habe es selbst durch, glaub mir, damit entsteht nur Frust. Du solltest Dich mit dem Gesetz der Anziehung auseinandersetzen, und wenn Du es verstanden hast, dann weißt Du, dass Du Deine Prägung verändern musst, von „Ich bin arm" zu „Ich bin reich". Das geht natürlich nicht von heute auf morgen, aber wenn Du täglich mindestens dreimal Deinen Wohlstand imaginierst, dann wirst Du schon sehr bald merken, dass da was passiert! Du wirst Dich besser fühlen und voller

Hoffnung sein! Und genau aus diesem besseren Fühlen entsteht eine bessere Zukunft für Dich!

Jack Canfield verdiente bescheidene 8.000 Dollar im Jahr und hatte es sich vorgenommen, 100.000,- Dollar pro Jahr zu bekommen. Also visualisierte er dreimal täglich den Lebensstil, den er führen würde, wenn er bereits 100.000,- Dollar im Jahr verdienen würde. Er war Lehrer, also war das in seinem Beruf schlecht möglich. Er sah vor seinem inneren Auge nur das erwünschte Endresultat. 30 Tage später hatte er erste Ideen, wie er mehr Geld in sein Leben ziehen könnte, und er verdiente im selben Jahr bereits 96.000 Dollar.

Zwei bis drei Jahre später brachte er die erfolgreichste Kurzgeschichtenreihe aller Zeiten auf den Markt: „Hühnersuppe für die Seele". Diese Kurzgeschichten hatte er noch nicht einmal selbst geschrieben. Es sind bewegende Geschichten, die das Leben schrieb. Er hat sie nur zusammengetragen und veröffentlicht. Heute sieht Jack Canfields Realität so aus, dass er jedes Jahr über 6 Millionen Dollar verdient – nach Steuern! Er hat durch Visualisieren seine Realität grundlegend verändert!

Damit will ich Dir aufzeigen, dass nicht der Weg die Rolle spielt, auch nicht, was Du kannst oder nicht kannst. Dreimal täglich visualisieren, das kann auch ein Analphabet, dem dieses Buch hier vorgelesen wird. **Mache Dir keine Gedanken um das Wie!**

Sieh einfach Deine Vision, diese wirkt wie ein Magnet, und Du wirst einfach automatisch alle Deine Handlungen so ausrichten, dass Du an dem gewünschten Ziel ankommst. Bei vielen Dingen im täglichen Leben denkst Du ja auch nicht an das Wie, Du benutzt Dein Handy völlig selbstverständlich, ohne Dir Gedanken darüber zu machen, wie denn nun ganz genau die Telefonverbindung zustande kommt oder wie denn nun ganz genau das Foto, das Du eben geschossen hast, auf das Handy Deiner Schwester kommt, die Hunderte Kilometer entfernt ist. Du weißt, dass es funktioniert, also tust Du es. Genauso ist das mit der Vision, sie funktioniert einfach, **wie** sie denn ganz genau möglich ist, das wusste auch Albert Einstein nicht. Seinen vielen Zitaten über Imagination kann man entnehmen, dass er ein wahrer Fan vom Visualisieren war, und man weiß, dass er es vollbracht hat, sich vom kleinen Angestellten eines schweizer Zollamtes zu dem wohl bedeutendsten Wissenschaftler aller Zeiten emporzuschwingen.

Visualisieren kann prinzipiell jeder, genaugenommen tut es schon jeder. Bei den meisten sind diese Visionen allerdings negativ, so malen sich viele ihr Scheitern oder ihre Krankheiten bildlich aus.

Da wir aber Menschen mit hehren Zielen sind, werden wir selbstverständlich diese Macht der Vision nur in positiver Weise für uns nutzen!

Wie schon gesagt, Du solltest ein richtiges Drehbuch schreiben – natürlich nur in Stichpunkten – und dann diese Stichpunkte der Reihenfolge nach sehen. Das wirst Du erst mal des Öfteren tun müssen, bevor Dir dieser Spot in Fleisch und Blut übergeht. Es ist ähnlich, als würdest Du ein Gedicht auswendig lernen. Nach einer gewissen Zeit wird Dir dieser Spot sehr vertraut vorkommen, und es wird sich gut anfühlen, ihn zu sehen.

Wenn es auf Anhieb nicht gleich so klappt, wie Du es Dir vorgestellt hast, mache einfach beharrlich weiter.

Als Du laufen lerntest, wie oft hast Du Dich auf Deinen Arsch gesetzt?

Aber Du bist wieder aufgestanden, und irgendwann konntest Du recht unfallfrei laufen. Diese Ausdauer ist immer gefragt, wenn Du etwas Neues in Dein Leben integrieren willst. Also sei einfach hartnäckig, Deine Zukunft wird es Dir danken.

Hartnäckigkeit ist im Übrigen die wichtigste Eigenschaft, die Du benötigst, um Deine Ziele zu erreichen und Dein Leben dauerhaft zu verwandeln.

Du kannst es auch Sturheit nennen, wenn Dir das besser gefällt. Ich persönlich sage jedem, den es interessiert, dass ich stur wie ein Maulesel an meinen Zielen festgehalten habe.

Ich möchte behaupten, dass ich keine besonderen Talente besitze. Ich habe weder einen anerkannten Beruf, noch bin ich ein Schreibtalent. Meine schulischen Noten in Deutsch waren immer so vier bis fünf. Wenn das Geschriebene hier nicht noch ein Lektorat durchlaufen hätte, würdest Du meine Rechtschreibung vermutlich belächeln.

Aber, wenn ich mir was in den Kopf setze, dann werde ich es erreichen. Ist ja auch nicht besonders schwer, wenn man das Gesetz der Anziehung verstanden hat. Eigentlich völlig simpel. Du musst Dein Unterbewusstsein frei machen von Hass und anderen negativen Gefühlen. Dazu schreibst Du jeden Abend Vergebung.

Gleichzeitig wirst Du durch Deine Visualisierung die erwünschten Inhalte tief in Deinem Unterbewusstsein verankern. Das solltest Du zu einer lebenslangen Gewohnheit machen, ähnlich dem Zähneputzen! Ich rede von dreimal 10–15 Minuten am Tag. Wie viel Zeit verplemperst Du mit sinnlosem Fernsehgucken? Mit sinnlosen Telefonaten? Mit sinnlosen Gesprächen?

Also, mach da jetzt was Sinnvolles draus!

Schreibe Deine Vergebung und beginne, Deine Kurzfilme zu sehen!

Der größte Killer des Erschaffensprozesses ist es, ständig danach zu schauen, ob denn das Gewünschte schon in der Nähe ist. Genaugenommen ist das der Unglaube in diesen Prozess, der Dich dazu verleitet, ständig zu gucken, ob da denn schon etwas im Anmarsch ist. Ich empfehle Dir, einfach die in diesem Buch beschriebenen Techniken anzuwenden, ohne überhaupt etwas zu erwarten. Ich tue es, weil es sich gut und richtig anfühlt. Jeder einzelne Tag fühlt sich bei mir ausgezeichnet an! Ich genieße das! Natürlich weiß ich, dass das, was ich da in meiner Vision sehe, auch in mein Leben treten muss. Es wird auch in mein Leben kommen, das ist Gesetz. Aber wenn ich täglich in die Welt rausstarre und mit Verzweiflung in der Stimme sage: „Es ist ja immer noch nicht da", dann werde ich beginnen, mich eben nicht mehr gut zu fühlen, und damit unterbreche ich den Erschaffensprozess! Es ist mit vielen Dingen so, dass sie eben eine Zeit brauchen, ob das nun eine Schwangerschaft ist oder der Zeitraum, bis die Tomaten reif sind. Da muss man einfach Geduld haben und sich nach Möglichkeit auf Dinge konzentrieren, die sich gut anfühlen. Ich weiß, das ist nicht immer einfach, gerade wenn man brennendes Verlangen verspürt, sein Leben grundlegend zu verändern, kann sich schon mal Ungeduld breitmachen!

Aber dann solltest Du einfach in Deine Vision gehen, dann bist Du ja schon geistig dort, wo Du hin willst, und Du merkst, dass es sich gutanfühlt und Du schon glücklich bist, und genau damit wirst Du es beschleunigen! Wenn Du allabendlich vergibst und mindestens dreimal täglich Deine Vision siehst, wirst auch Du Dich ausgezeichnet fühlen. Natürlich ist es Dir immer noch wichtig, Deine Ziele zu erreichen, aber Du wirst wesentlich gelassener und entspannter werden, weil Dein Glauben wächst, dass Du das Erwünschte bald besitzen oder erleben wirst.

Dieser Glaube wird buchstäblich durch Deine Vision produziert! Durch die Vergebung werden Ängste und negative Gefühle restlos eliminiert. Ich kann mich noch erinnern, damals, wenn ich nach Hause kam und in den Briefkasten sah, hatte ich immer ein schlechtes Gefühl, wenn Post drin war. Hatte so Gedanken wie: „Kann ja nichts Gutes sein" oder „Wer geht mir denn hier schon wieder auf den Sack"; nachdem ich die Vergebung eine Zeit lang durchgezogen habe, hatte ich auf einmal beim Öffnen des Briefkastens Gedanken wie: „Oh geil, ich hab Post". Obwohl sich im Äußeren noch keinerlei Veränderung manifestiert hatte, veränderte sich meine innere Einstellung grundlegend. Während ich vorher immer etwas Schlechtes erwartete, machte ich nun den Postkasten in Erwartung von etwas Gutem auf.

Dieser Erwartungshaltung folgten dann die erlebbaren Ereignisse im Leben, die Mahnungen wurden weniger, die Schecks wurden mehr. Aber zuerst habe ich die innere Welt aufgeräumt, ohne ständig auf die schlechten Aspekte der äußeren Welt zu starren.

11. Aller Anfang ist schwer!

Dieses Sprichwort ist mehr als nur zutreffend!
Ich kenne es wahrhaftig aus eigener Erfahrung.
Zum Anfang saß ich da, wollte meine Vergebung schreiben, aber es fühlte sich absolut unterirdisch an. Der Drang, das Schreibzeug einfach in die Ecke zu schmeißen, war fast übermächtig. Wie schön wäre es, jetzt einfach den PC anzumachen und sinnlos zu surfen, oder den Fernseher, einfach die Beine hochlegen und ein- und dabei abschalten.
Nein, das fühlte sich dann aber doch einfach nicht richtig an, da war ja schließlich das Bild von dem Leben meiner Träume. Bei mir hing das Bild damals im Wohnzimmer an der Wand, der Daimler Super V8, Vollausstattung für 200.000 DM. Dieses Bild verkörperte so ziemlich alles, was ich von meinem neuen Leben erwartete. Es verkörperte finanzielle Freiheit, endlich weg von diesem zermürbenden Mangel! Irgendwie war der Wunsch so brennend, dass ich immer wieder die Kraft fand, einfach weiterzuschreiben. Es dauerte manchmal bis zu einer Stunde, bis ich dann endlich „drin" war. O. k., ab da geht es immer ganz hervorragend, macht Spaß und es fühlt sich so richtig gut an. Aber da muss man natürlich erst mal hinkommen.
Natürlich wäre es erst mal einfach, alles hinzuschmeißen, aber die Betonung liegt auf **erst mal!**

Weil es nämlich viel anstrengender ist, seine Träume **nicht** zu leben. Dieser Mangel war für mich absolut belastend, ich konnte es kaum ertragen, kam mir vor wie der letzte Loser.

Wenn ich mich dann durchgekämpft hatte, meine Vergebung trotz Komplikationen zu schreiben, fühlte ich mich schon viel besser, und ich war stolz auf mich, dass ich es durchgezogen hatte. Noch heute gibt es solche Tage, an denen ich einfach nicht so richtig „rein" komme. Dann wird es auch noch heute eine echte Herausforderung, meine Seiten zu Ende zu schreiben. Aber ich weiß, dass es mich nicht befriedigen würde zu sagen: „Na dann lass ich es heute, morgen ist auch noch ein Tag."

Ich ziehe es gnadenlos durch und fühle mich danach **noch** besser, als ich es vorher schon tat. Hätte ich es sein gelassen, würde ich mich danach schlechter fühlen als davor. Also ganz einfacher Eigennutz!

Ich sagte ja schon zu Anfang, dass es manchmal Arbeit sein wird, sogar harte Arbeit! Genau das meinte ich damit. Aber wenn Du diese Arbeit bewältigst, erntest Du dadurch nicht weniger als das Leben Deiner Träume!

Zum Glück braucht man diese Überwindung eher selten. In den allermeisten Fällen bin ich innerhalb weniger Minuten „drin", und das Schreiben macht wirklich viel Freude und fühlt sich ausgesprochen gut an. Aber Du solltest auch auf Tage vorbereitet sein, an denen es nicht so gut läuft, und genau an diesen Tagen zeigt sich, wer ein Gewinner ist oder wer auf ewig zu den Verlierern gehören wird. Also, beiß die Zähne zusammen und kämpfe Dich da durch.

Das gleiche gilt für die Vision, auch da erscheint es einem manchmal als das Einfachste, es nicht zu tun, weil man morgens noch müde ist, vor dem Einschlafen ebenfalls. Auf dem Weg nach Hause hat man Hunger oder sonst was. Es ist erst mal schwer, diese Gewohnheit zu installieren. Manchmal komme ich auch da einfach nicht „rein". Aber dann sage ich mir selbst: „Ich bleibe jetzt so lange hier im Auto sitzen und versuche es, bis ich wenigstens einige Minuten bei meinen Zielen war und es sich richtig gut angefühlt hat!" Nach dem Laut-Aussprechen dieser Intention funktioniert es dann meistens auch überraschend gut. Aber wenn Du das nicht tust, sondern dem Drang nach der äußeren Welt nachgibst, wird sich Dein Leben auch nicht in die gewünschte Richtung verändern – warum sollte es auch? Warum sollte Dein Leben besser werden, als es ist? Wenn Du das Gesetz der Anziehung verstanden hast, solltest Du wissen, dass es erst dann besser wird, wenn die Inhalte Deines Unterbewusstseins besser geworden sind. Also warum sollten die besser werden, wenn Du nicht aktiv dazu beiträgst, dass sie besser werden? Wenn Du zu Dir selbst sagst: „Jetzt nicht, ich mache es später usw.", dann installierst Du eine Gewohnheit des Versagens. Das macht jeder Loser so, dass er wichtige Dinge aufschiebt und sie dann irgendwann gar nicht mehr tut. Wie viele Menschen haben denn schon solch ein Buch gelesen? Siehst Du sie Jahre später wieder, kannst Du bemerken, dass sich in ihrem Leben nichts getan hat, aber das liegt ausnahmslos daran, dass sie eben nichts von dem umsetzten, was sie zuvor gelesen haben.

Viele warten da irgendwie auf den Zufall, sie rennen jede Woche in die Lottobude und hoffen, dass ohne weiteres Zutun sich nun zufällig mit einem großen Knall ihr Leben ändert.

Aber als bewusster Schöpfer Deiner Realität solltest Du wissen, dass die allermeisten völlig umsonst auf diesen Lottogewinn hoffen. Ganz ehrlich gesagt, ist es etwas für Versager, darauf zu hoffen, dass nun die Lottofee genau ihre Zahlen zieht und Du nun allzeit sorgenfrei bist. Du erschaffst Dir Deine Realität selbst, und wenn Du Dein Unterbewusstsein von alten, schädlichen Inhalten befreist und neue positive Inhalte raufbringst, dann wird der Wohlstand gewiss in Dein Leben treten, und er wird Dich auch niemals wieder verlassen. Von dem Augenblick an, als ich das erste Buch von Dr. Joseph Murphy aufgeschlagen habe, bis zum heutigen Tag hat sich mein Leben nur noch aufwärts entwickelt. Es ging buchstäblich niemals mehr einen Schritt zurück.

Aber ich habe meine Arbeit getan, weil es für mich einfach nur logisch war, dass ich sie tun musste. Ich meine natürlich die Arbeit in meinem Inneren. Im Äußeren habe ich eher wenig gearbeitet, aber das ist der Lohn für die innere Arbeit.

Lieber sitze ich abends und schreibe eine Stunde meine Vergebung und visualisiere dreimal täglich, als dass ich im Schweiße meines Angesichts ungeliebte Tätigkeiten ausführe, für die mir ein anderer etwas Geld gibt. Die innere Tätigkeit macht Dich vollkommen unabhängig von anderen Menschen, Geldsystemen usw. Du strahlst Wohlstand aus, also wird er durch das Gesetz der Anziehung zu Dir gelangen, das „Wie" interessiert Dich nicht. So macht das Leben mal so richtig Spaß und gibt Dir eine ungeahnte Freiheit, Dich vollständig zu entfalten.

Natürlich habe auch ich den einen oder anderen Lottoschein ausgefüllt, aber so abartig, wie es sich anhört, habe ich immer unbewusst, ganz tief in mir drin gehofft, dass ich den Jackpot **nicht** knacke. Was ist das, wenn Du Lottomillionär bist? Würdest Du dann stolz darauf sein? Würde frisches Geld nachfließen, wenn der Gewinn ausgegeben ist? Jeder weiß, dass die große Mehrheit der Lottomillionäre ein paar Jahre später wieder absolut pleite ist und darüber hinaus noch verschuldet.

Das Wichtigste aber ist, dass Du ja nicht nur Geld haben willst, sondern **auch jemand sein möchtest.** Genau das ist das Wichtigste. Wer zollt schon einem Lottogewinner Respekt? Wer möchte hören, wie er es geschafft hat? Kannst Du Dir vorstellen, dass in einem Millionärsklub zwischen lauter Selfmade-Millionären ein Lottogewinner sitzt? Irgendwie wäre er da einfach fehl am Platze.

12. Esoterik

Viele Menschen, die mit dem Gesetz der Anziehung konfrontiert werden, beginnen früher oder später, in die Esoterik abzugleiten. Ich benutze bewusst das etwas abwertende Wort „abgleiten".

Laut meiner Definition ist Esoterik der Versuch, einen Weg zu finden, das Universum oder unseren Schöpfer zu betrügen.

Das Gesetz der Anziehung regelt ganz klar, dass Du nur das in Deinem Leben bekommst, was Du selbst auch zuvor ausgesandt hast. Nun nehmen wir mal an, dass Du recht viele negative Gedanken denkst, Dein Unterbewusstsein randvoll ist mit latentem Hass und Ressentiments anderer Menschen gegenüber. Also werden Deine Resultate – logischerweise – nicht die Besten sein. Da Dir das missfällt, greifst Du nun zur Esoterik, die dann bewirken soll, dass Du trotz sehr negativen Schwingungen, die Du aussendest, vom Universum positive Resultate zurückbekommst. Das ist natürlich unmöglich, und schon der Gedanke, dass es funktionieren könnte, ist relativ schlicht. Also kann man grundsätzlich davon ausgehen, dass Menschen, die in irgendeiner Form Esoterik praktizieren, das Gesetz der Anziehung nicht verstanden haben. Du sendest die Inhalte Deines Unterbewusstseins als Schwingung aus, das Universum antwortet mit Materie und Begebenheiten, die genau diesen Schwingungen entspricht. So funktioniert das Leben, und jeder Versuch, dort irgendwie eine Abkürzung zu finden, ist völlig unmöglich.

Das entspricht dem so ziemlich einfältigen Wunsch: Ich möchte negativ denken, ich möchte andere kritisieren, ich möchte hassen, neiden und den ganzen Tag an die Dinge denken, die ich eben **nicht** haben will. Aber ich möchte **trotzdem,** dass mir das Universum das bringt, was ich gerne haben will.

Das funktioniert aber nun mal nicht so. Das Gesetz der Anziehung ist ein Naturgesetz, das kann man nicht einfach betrügen, das wäre so, als wolltest Du das Gesetz der Gravitation durch Tragen eines bestimmten Amulettes dazu bringen, dass Du nicht mehr die Treppe herunterstürzt. Das sollte jedem vernunftbegabten Menschen einleuchten, dass es eben nicht so funktioniert. Möchtest Du unfallfrei die Stufen hinunterkommen, dann musst Du eben lernen, wie das geht. Dass sich ein Naturgesetz Deinen Wünschen anpasst, ist völlig ausgeschlossen. Und genauso ist es auch der Esoterik nicht möglich, zwischen Dich und Deinen Schöpfungen zu treten.

Vielleicht hat es ja früher geklappt, den Lehrer hinters Licht zu führen, indem Du von Deinem Banknachbarn abgeschrieben hast. Auch die Hausaufgaben mussten nicht unbedingt auf Deinem eigenen Mist gewachsen sein. Auch wissen wir von vielen Doktoren, dass ihre Doktorarbeit einfach nur abgeschrieben war.

Aber ich kann Dir versichern, dass das mit Naturgesetzen so nicht funktioniert. Alles, was zu Dir kommt, ist vorher von Dir ausgesandt worden, davon gibt es keine Ausnahme!

Und genau das ist es, was ich so sehr an dem Gesetz der Anziehung liebe, dass ausschließlich das zu Dir kommt, was Du vorher **selbst** ausgesandt hast. Das gibt Dir eine unglaubliche Macht, die Macht, Dein Leben bis ins kleinste Detail so zu erschaffen, wie Du es gerne haben möchtest. Das Leben, das Du zurzeit lebst, hast Du natürlich auch schon bis ins kleinste Detail selbst erschaffen. Die meisten tun dies unbewusst, hier in diesem Buch sollst Du ermutigt werden, es vollkommen bewusst zu tun. Das setzt natürlich voraus, dass Du das Gesetz der Anziehung in seiner ganzen Bandbreite akzeptierst und den felsenfesten Glauben aufbaust, dass alles, was in Dein Leben tritt, zuvor von **Dir selbst** erzeugt und ins Universum gesandt wurde!

Selbstverständlich musst Du auch die Ausnahmslosigkeit dessen verstehen, so wie Du es bei der Gravitation ja sicherlich verstanden hast. Ich denke, dass Du genau weißt, wenn Du stürzt, dass Du durch die Gravitation auf den Erdboden gezogen wurdest. Niemand würde jetzt behaupten, dass das nicht die Gravitation war, sondern finstere Mächte dabei mitgewirkt haben. Niemals würde z. B. ein Naturwissenschaftler das Trägheitsgesetz der Masse als schlecht bezeichnen, weil ein Kind ein Schleudertrauma erlitten hat.

Wenn Du einen Gegenstand nimmst, ihn fallen lässt, dann fällt dieser nach unten, das hätte er schon vor tausend Jahren getan und das wird er auch in tausend Jahren tun. Er fällt jedes Mal, davon gibt es keine Ausnahme!

Der Gravitation ist es völlig gleichgültig, was Du da fallen lässt, ob es nun ein Holzspielzeug ist oder ein Säugling. Genauso ist es mit dem Gesetz der Anziehung. Es gibt keine Ausnahme davon. Es ist absolut nicht zielführend, dieses Gesetz mit irgendwelchen Ideologien oder Religionen zu behaften, was denn nun richtig oder falsch sei. Niemals würde ein Naturwissenschaftler auf die Idee kommen, das Gesetz der Thermodynamik oder das der Gravitation in einen Zusammenhang mit einer Ideologie oder Religion zu bringen.

Das Gesetz der Anziehung **ist** einfach und wird die Manifestationen Deiner Gedanken zu Dir bringen, völlig unabhängig davon, ob ein anderer es nun als richtig oder falsch beurteilt, was Du Dir da manifestierst! Völlig unabhängig davon, ob das Manifestierte nun gut für Dich ist oder ob es Dich vernichtet. Dem Gesetz der Anziehung ist das egal, es ist eben ein Gesetz, das hat weder eine Moral oder eine Persönlichkeit noch ein Bewusstsein!

Du solltest also strikt darauf achten, dass das, was Du denkst und worüber Du sprichst, Dinge und Begebenheiten sind, die das Potenzial haben, Dich glücklich zu machen! Denke und sprich darüber, was Du willst, und nicht darüber, was Du **nicht** willst!

Dieses mächtigste Gesetz des Universums lässt sich natürlich auch nicht von irgendeiner wie auch immer gearteten Esoterik beeindrucken oder beeinflussen. Wenn Du Esoterik praktizierst, ist es ein Unglaube an das Gesetz der Anziehung. Das heißt genaugenommen, dass Du Deine eigene Macht nicht erkennst. Du gibst somit Deine Macht an irgendwelche Gegenstände ab und glaubst, dass diese mächtiger sind als Du selbst.

Das ist das, was Jesus mit „den Götzen dienen" meinte. Und auch er sagte uns schon vor über 2000 Jahren, dass wir **nicht** den Götzen dienen sollen.

Vor einigen Jahren habe ich mal ein Seminar von Erhard Freitag besucht. Schon beim Eintreffen auf dem Hotelparkplatz kam es mir irgendwie komisch vor, dass dort nur absolute Rostlauben standen. Es war mir irgendwie unangenehm, meinen nagelneuen Daimler Super V8 dort abzustellen. Am nächsten Morgen im Seminarraum kam ich mir auch recht fehl am Platze vor. Fast alle Teilnehmer waren durch und durch esoterisch eingestellt. Wenn Du einem Fremden die Hand gabst, erzählte er – statt seinen Namen zu nennen – zuerst etwas von seinem Sternbild und fragte mich nach meinem. Die Anwesenden unterhielten sich die ganze Zeit über ihre Panikattacken und andere mysteriöse Dinge, von denen ich nicht viel verstand.

Der Erhard hielt dann einen fabelhaften Vortrag über das Gesetz der Anziehung.

Dennoch war meine wichtigste Erkenntnis, die ich von diesem Seminar mitnahm, dass Esoteriker meist arm, krank und einsam sind! Es war wirklich nicht einer darunter, der strahlend gesund im Wohlstand lebte und über eine erfüllte Partnerschaft berichtet hätte.

Von mir und Erhard abgesehen waren alle dort Anwesenden krank, hatten Panikattacken (diese gehörten absolut zum guten Ton) und waren arm. Ich hab schon vorher nicht viel von Esoterik gehalten, aber diese Erfahrung bestärkte und bestätigte mich in meiner Meinung.

13. Dein Spot mit Musik?

Heute solltest Du Deine Spots – oder zumindest einen davon – fertiggestellt haben.

Nun beginne zu visualisieren.

Dabei ist es wichtig, dass Du Dich entspannst. Setze Dich bequem in einen Sessel, schließe die Augen. Stell Dir z. B. vor, wie Du mit einer Rolltreppe nach unten fährst, und zähle von 10 zurück auf 0.

Wenn Du in der Entspannung bist, dann sieh einfach Deinen Spot immer und immer wieder in einer Endlosschleife. Du kannst ihn 20- oder 50-mal hintereinander sehen, solltest Du mal abschweifen, führe einfach Deine Aufmerksamkeit wieder zu Deinem Spot zurück. Tue das solange, wie es sich gut anfühlt. Wenn Du mehrere Spots zu einem Thema hast, kannst Du sie auch vermischen.

Wichtig ist es gleich morgens nach dem Erwachen, stelle den Wecker einfach 15 Minuten früher. Ich weiß, dass es eine Überwindung ist, aber wenn Du es mehrere Tage praktiziert hast, wird es Dir sehr leicht fallen und Du wirst Dich drauf freuen.

Genauso wichtig ist es abends direkt vor dem Einschlafen.

Gerade abends vor dem Einschlafen ist die wichtigste Vision des Tages, weil Du diese Bilder, diesen Film danach mit in den Schlaf nimmst, es hat sozusagen die ganze Nacht Zeit einzuwirken. Am Morgen ist es wichtig, weil Du durch den Schlaf noch in einem Alphazustand bist und diese Vision Dich auf einen guten Tag einstimmt. Es ist der beste Start, den Du haben kannst, wenn Du sofort nach dem Erwachen das Leben Deiner Träume gesehen und gefühlt hast. Ein guter Tag ist Dir somit gewiss!

Vermutlich wird Dir das nicht alles so auf Anhieb gelingen, wie Du es gerne hättest.

Aber auch da ist wieder Ausdauer gefragt. Nur die Harten kommen in den Garten!

Und ein „ich kann das nicht" heißt eigentlich „ich kann das **noch** nicht".

Denke daran, dass es bei **allem** Neuen in Deinem Leben so war. Noch niemals hat jemand mit etwas Neuem begonnen und war sofort der Beste!

Wichtig ist, dass Du dabei wirklich entspannt bist, in einen Alphazustand kommst.

Wenn Dir das nicht so einfach erscheint, dann besorge Dir ein Buch oder ein CD-Programm, mit dem Du das erlernen kannst. Oder konsultiere einen Hypnosetherapeuten, der Dir Selbsthypnose beibringt.

Die dritte Visualisierung lege auf den Nachhauseweg, fahr einfach auf einen ruhigen Parkplatz, stell Deinen Sitz bequem und sieh Deine Filme!

Die erste Zeit ist das alles ungewohnt, es könnte anstrengend sein und Kraft kosten. Aber der Mensch ist ein Gewohnheitstier. Wenn Du es beharrlich tust, wird es innerhalb kurzer Zeit zu einer wunderbaren Gewohnheit werden. **Diese Gewohnheit** wird Dir das Leben Deiner Träume bescheren.

Schon Albert Einstein sagte uns:

„Imagination ist die Vorschau auf die kommenden Ereignisse des Lebens!"

Alle wirklich erfolgreichen Menschen nutzen diese Macht! Nutze auch Du sie konsequent! Jeden Tag! Ich gebe Dir hiermit das Versprechen, dass wenn Du das wahrhaftig und konsequent tust, dann Dein Leben innerhalb eines Jahres **völlig zum Besseren verwandelt sein wird!**

Vergiss darüber hinaus aber die Vergebung nicht! Ich weiß, das ist erst mal eine ganz schöne Umstellung. Es gibt ja vielleicht Leute, die das gar nicht gut finden, dass Du jetzt weniger Zeit für sie hast. Aber denke daran, wenn sie Dich bedrängen, dann sind das nicht Deine wirklichen Freunde, die wollen, dass Du glücklich bist, sondern lediglich Menschen, die wollen, dass Du das tust, was sie wollen.

Wahre Freundschaft lässt den anderen so sein, wie er ist!

Jetzt möchte ich Dir eine Visualisierungshilfe an die Hand geben. Ich persönlich visualisiere ausschließlich so:

Ich nenne es die Musikmeditation.

Das Prinzip ist sehr einfach. Du hast ja Dein Drehbuch für einen Deiner Spots.

Jetzt suchst Du Dir einen Musiktitel aus, der Dir sehr gut gefällt, Dich irgendwie bewegt. Es sollte kein Song sein, der gerade rausgekommen ist, der könnte Dich schon nach zwei Wochen nerven.

Wähle einen aus, den Du schon ein Weilchen kennst. Es gibt jetzt keine Regeln dafür, welchen Titel Du nehmen kannst und welchen nicht. Nur so als Beispiel: Ich habe für drei verschiedene Spots drei verschiedene Songs: „Wind of Change" von den Scorpions, „Hymn" von Barcley James Harvest und aus dem Film „Inception" den Titel „Time".

Nun entscheide Dich für Deinen Titel. Jetzt spiele den Titel ab und sieh dabei bewusst Deinen Film. Immer und immer wieder! Wenn Du das eine Weile gemacht hast, vielleicht 20–30 Minuten, dann hat sich jetzt dieser Film mit der Musik mit Deinem Gehirn verbunden. Man nennt das auch getriggert. Jetzt brauchst Du Dich nur noch kurz entspannen und Deinen Song abspielen, und der Film wird wesentlich leichter zu sehen sein als ohne diese Musik.

Sozusagen kommt dieser Film automatisch in Deinen Kopf, sobald dieser Song erklingt.

Übrigens wurden früher Tanzbären so konditioniert. Riesen Sauerei, aber ich erzähle es Dir trotzdem. Ein Bär wurde in einen Käfig gesperrt. Unter ihm eine Metallplatte. Unter dieser wurde jetzt ein Feuer gemacht und gleichzeitig diese schwachsinnige Zirkusmusik abgespielt. Der Bär trat nun aufgrund der Hitze unter seinen Füßen von einem Bein auf das andere. Das wurde eine Weile getan, und somit triggerte sich die Musik im Hirn des Bären mit dieser Bewegung. Spielte man später ohne Feuer einfach nur die Musik ab, trat er von einem Bein auf das andere. Es ist einfach nur ein Reflex wie bei den pawlowschen Hunden, den wir hier für uns nutzen können.

Ich persönlich konnte seitdem wesentlich besser visualisieren als vorher. Es geht für mich auch wesentlich schneller, so in einen meditativen Zustand zu gelangen. Jetzt habe ich meinen iPod immer griffbereit, Kopfhörer auf, Musik an, und in wenigen Sekunden bin ich in einem tiefen Alphazustand und sehe das Leben meiner Träume.

Probiere es einfach aus, ob Deine Imagination so besser geht.

Das ist von Mensch zu Mensch verschieden. Manche brauchen strikte Ruhe, andere bevorzugen die Verknüpfung mit Musik, versuche es einfach!

Jetzt könnte jemand sagen: „Aber ich denke, der Boskugel lebt schon seinen Traum."

Ja, das tut der Boskugel auch schon ziemlich lange. Aber natürlich lebe ich meinen Traum von gestern. Wenn Du Dir einen Traum verwirklichst, wirst Du feststellen, dass sich Dir sofort neue, noch größere Wünsche offenbaren. Das ist auch völlig logisch, Du hast ja nicht nur einen Traum und wenn der erreicht ist, setzt Du Dich in den Schaukelstuhl und wartest... ja, auf was eigentlich? Das ist Evolution, dass Du dann noch größere Wünsche und Träume haben wirst.

Aber mit den hier beschriebenen Techniken wirst Du auch diese erreichen. Das ist so, weil das einfach Gesetzmäßigkeiten sind, und wer diese beherrscht, wird immer auf der Gewinnerseite des Lebens stehen, und andere werden neidisch zuschauen, was Dir da schon wieder gutes widerfahren ist. Aber Du hast eben kein Glück gehabt, sondern nur eine einfache Wahrheit erkannt.

Falls es mit Deiner Vision zum Anfang einfach nicht so recht klappen will, so kann ich Dir versichern, dass es von Tag zu Tag besser wird. Auch hier möchte ich noch mal betonen, dass auch die Vergebung die Visionen verbessert. Auch ich habe das durch, dass ich dachte, nun habe ich genug vergeben, da ist nichts mehr Negatives, was ich vergeben müsste. Aber mein Leben hat sich seitdem nicht mehr verbessert, ich war zwar auf einem sehr hohen Level, aber es ging einfach nicht voran. Auch meine Visionen waren nur mittelmäßig. Erst als ich wieder begann, intensiv zu vergeben, ging es weiter bergauf. Meine Visionen wurden immer besser. Jetzt sind sie so hammermäßig mit intensiven Emotionen und Hochgefühlen verbunden, dass ich mich frage, wozu einige Menschen Drogen brauchen. Dabei ist dieses Visualisieren noch völlig frei von negativen

Nebenwirkungen. Im Gegenteil, die langfristigen Nebenwirkungen werden Erfolg auf der ganzen Linie sein! Es ist ja auch völlig logisch, sämtliche negativen Gefühle, auch die tief vergrabenen, sind wie Sand im Getriebe. Dieser Sand muss raus, dann läuft alles wie geschmiert. Ich habe mir selbst geschworen, die Vergebung an jedem Abend meines Lebens zu tätigen, weil es keine Technik gibt, die so schnell und so komplett alles zum Besseren verändert.

Es sind nicht die Reichen, die Chinesen, die Moslems oder eine beliebige andere Bevölkerungsgruppe dafür verantwortlich, wenn Du noch nicht in Deinem Leben hast, was Du gerne hättest! Einzig und allein **Deine Gedanken** und die daraus resultierenden Inhalte Deines Unterbewusstseins erschaffen **Dein Leben!**

Es ist auch nicht die schlechte Zeit oder der Mangel an Gelegenheiten. Einzig und allein **Dein Glauben**, also **Deine Prägung**, ist dafür verantwortlich, was in **Dein Leben** tritt!

Reinige Dein Unterbewusstsein durch Vergebung und spiele durch Deine Vision Schönheit, Wohlstand, Gesundheit und glückliche Beziehungen auf deine „Festplatte", und das universelle Gesetz wird Dir genau diese Inhalte in Dein Leben bringen!

14. Kritik ist was für Loser!

Wenn Du ein Leben voller Unglück, Armut und Schicksalsschläge führen möchtest, so ist das sehr einfach zu bewerkstelligen. Kritisiere andere Menschen aufgrund dessen, wie sie ihr Leben führen, wie sie ihr Dasein gestalten. Kritisiere ihre Wünsche, kritisiere ihre Manifestationen.

Kritik ist was für Loser!

Im Grunde geht es Dich gar nichts an, wie andere Leute ihr Leben gestalten.

Du möchtest ja schließlich auch nicht, dass jemand daher kommt und Dir erzählt, dass Du dieses nicht richtig machst und jenes Verhalten nicht angebracht ist usw.

Genaugenommen gibt es gar kein angebrachtes Verhalten und auch kein unangebrachtes Verhalten. Wer bestimmt denn das?

Der größte Teil dieser Regeln, wie man sich benimmt oder auch nicht, was man macht oder auf gar keinen Fall machen darf, das sind einfach nur uralte Traditionen. Meistens weiß niemand so genau, warum das eigentlich so ist, man macht es einfach so, weil es einem die Eltern so beigebracht haben. Das sind einfach nur Gewohnheiten! Und genauso haben sie uns beigebracht, dass man andere kritisieren muss. Das haben sie uns vorgelebt, und wir haben es als selbstverständlich übernommen. Unsere Eltern haben uns kritisiert, haben in unserer Gegenwart andere abgeurteilt, haben sich gegenseitig bemängelt. Und das kleine Kind wächst auf und findet es völlig normal, dass es einen anderen Menschen kritisiert und an ihm rummäkelt, nur weil der ein anderes Verhalten an den Tag legt, als es dem kleinen Kind gerade passen würde.

Wenn das Kind dann erwachsen ist, ist es für ihn das Normalste von der Welt, dass er ständig andere Menschen kritisiert, das gehört für ihn absolut fest zu seinen Gewohnheiten. Er glaubt, andere zu verurteilen sei sein Recht, weil diese anderen Personen sich falsch benehmen. Aber laut ihrer Erziehung und ihren Prägungen verhalten sie sich eben nicht falsch, sondern sie glauben, dass Du es bist, der falsch handelt. Und so kritisieren sie sich gegenseitig und merken dabei gar nicht, wie blöd sie eigentlich sind.

Da fühlt sich jemand nicht besonders gut, und deswegen nörgelt er an seinen Mitmenschen herum und glaubt, wenn sie sich alle anders verhalten würden, dann würde es ihm besser gehen. Aber das ist wirklich völlig absurd zu glauben, dass sämtliche Menschen sich anders benehmen sollten, nur damit Du Dich besser fühlst. Stell Dir vor, zu Dir käme ein Fremder, der Dir sagt, Du möchtest Dich bitte anders kleiden und frisieren, damit er sich besser fühlt. Du würdest ihm vermutlich erwidern, dass er ja nicht hinzugucken braucht, wenn es ihm nicht gefällt. Und genau das ist der springende Punkt. Warum bemängelst Du andere Leute?

Schließlich kannst Du Deine Aufmerksamkeit auch auf andere Dinge lenken.

Weitergedacht ist man durch dieses ständige Kritisieren immer auf der Seite dessen, was man **nicht** haben will. Man betrachtet, ohne es wirklich zu merken, den ganzen Tag die Dinge, die man am allerwenigsten in seinem Leben haben möchte. Man richtet stetig seine Aufmerksamkeit auf das Unerwünschte.

Das Gesetz der Anziehung wird nun natürlich ständig mehr davon in sein Leben bringen. Sämtliche Menschen, die in sein Leben treten, werden Menschen sein, wo er etwas findet, was er kritisieren kann. Man versuche sich mal wirklich bildhaft und farbig diesen Schwachsinn vorzustellen. Da denke ich Kritik, daraufhin kommen Menschen zu mir, die ich dann wiederum kritisiere, damit mir das Gesetz der Anziehung noch mehr davon bringt, was ich kritisieren kann. So betrachtet ist es völlig schwachsinnig und eine gigantische Verschwendung von Lebensenergie, andere zu verurteilen. Im Grunde kritisierst Du so Deine eigenen Schöpfungen.

Jemanden zu kritisieren, ist sozusagen das Dümmste was es gibt, da Du Dich ja genaugenommen selbst kritisierst.

Da Kritik und Verurteilung natürlich nie positiv sind, begibst Du Dich damit jedes Mal auf die Seite dessen, was Du **nicht** haben willst.

Auch konnte ich oft beobachten, dass Menschen, die begannen, sich mit dem Gesetz der Anziehung zu befassen, ihre Kritik lediglich verlagerten.

Wenn sie zuvor jeden und alles kritisiert hatten, dachten sie nun auf einmal, als Verfechter des Gesetzes der Anziehung, dass sie ja so positiv sind, und nun verurteilten sie alle Menschen, die ihre neugewählte Einstellung nicht teilten.

Ich kenne wirklich sehr viele Menschen, die ein Buch über das Gesetz der Anziehung gelesen haben. Der allergrößte Teil von ihnen sagt: WOW, jetzt weiß ich, wie die Welt funktioniert! Und dann beginnen sie...

Nein, sie beginnen **nicht** damit, sich ihr eigenes Leben nach ihren Träumen zu erschaffen, sondern sie beginnen damit, andere zu kritisieren, dass diese nicht so denken, wie sie es jetzt selbst tun. Sie kritisieren den ganzen Tag die anderen Menschen, die das Gesetz nicht kennen, und bemerken überhaupt nicht, dass sie es selbst nicht kennen, denn sonst würden sie nicht so reden. Vorher haben sie auch andere Menschen kritisiert wegen ihrer Verhaltensweisen, im Grunde hat die Kritik nur einen anderen Tenor bekommen, der aber die gleiche Grundaussage beinhaltet: Die Welt ist krank und schlecht, und die anderen Menschen sind dumm!

Selbstverständlich kannst Du Dir nicht Dein Traumleben erschaffen, indem Du andere Menschen kritisierst, das ist eigentlich völlig logisch. Das Gegenteil solltest Du tun, Du solltest ab heute nur noch Menschen loben und wertschätzen, und die anderen, die Du nicht loben magst, solltest Du einfach ignorieren.

Es ist egal, wen Du kritisierst! Viele glauben, es sei rechtens zu verurteilen, weil ja der andere der Böse ist. Und nun glauben sie, es sei ja richtig, den Bösen zu verurteilen. Aber ich sage, der, der verurteilt, ist der Böse, weil er einen anderen Menschen eben nicht so sein lässt, wie er nun mal ist, und weil er die Autonomie der anderen Meinung nicht akzeptieren will. Wer sollte denn nun entscheiden, wer der Böse ist? Die Mehrheit? Die Mehrheit ist der Meinung, dass der Reiche der Böse ist oder derjenige, der sein eigenes Wohl an die erste Stelle stellt.

Und das, obwohl doch so ziemlich jeder sein eigenes Wohl an die erste Stelle stellt und die Mehrheit reich sein möchte.

Es gibt niemanden, der prädestiniert wäre, die Entscheidung zu treffen, wer denn nun gut und wer denn nun schlecht ist.

Also triff Du die absolut gravierende, lebensverändernde Entscheidung, dass jeder der Gute ist, egal was er getan hat!

Er hat eben so gehandelt, wie es ihm in diesem Moment möglich war. Wenn Du niemanden verurteilst, bist Du vor dem Gesetz der Anziehung in jedem Falle der Gute; weil Du keine Schwingungen von Kritik und Hass aussendest, werden auch keine schlechten Begebenheiten in Dein Leben kommen!

Halte Dich raus aus der Generalverurteilung der Medien, stimme **nicht** ein in den Chor der Masse, die nach Möglichkeit jeden hart bestraft sehen möchte, der sich anders verhält, als es die graue Masse gerne hätte.

So absurd es ist, aber da stellt er sich hin, der gewöhnliche Depp, belügt und betrügt seine Frau, schummelt in der Steuererklärung, schreibt sich mehr Überstunden als er geleistet hat, lässt kleine Dinge aus der Firma mitgehen, missachtet täglich die Gesetze der Straßenverkehrsordnung und ruft dann lautstark nach dem Henker, wenn wieder einmal ein Promi dabei ertappt wurde, ein Konto in der Schweiz zu haben.

Egal wen oder was Du in der Welt verurteilst, treffen wirst Du immer nur Dich selbst!

Das ist nun mal klar vom Gesetz der Anziehung geregelt: Wenn Du Dich auf Kritik einstimmst, werden diese negativen Schwingungen auch negative Resultate in Dein Leben bringen. Das ist eine der wichtigsten Lektionen, die es zu verstehen gilt: Das, was zu Dir in Dein Leben kommt, hast Du selbst zu verantworten! Du bist es ausschließlich selbst, der sein Leben kreiert!

Wenn Du also irgendwo bemerkst, dass jemand verurteilt wird, distanziere Dich davon oder sei der Anwalt desjenigen, der da gerade kritisiert wird! Stimme auf gar keinen Fall ein in den Tenor der Masse, denn dann wirst Du für immer dieser Masse angehören!

Ich denke, Du liest solche Literatur, um gerade dieser Masse zu entfliehen, weil Du erkannt hast, dass wahre

Glückseligkeit mit dem Massendenken nicht vereinbar ist! Wahres positives Denken zeichnet sich dadurch aus, dass Du in jeder Lebenssituation das Gute betrachtest. Kritik und Verurteilung sind mit positivem Denken nicht in Einklang zu bringen.

Viele denken, dass sie sich selbst heraufsetzen können, indem sie andere herabsetzen, aber das ist ein Irrtum. Menschen, die versuchen, ständig ihre Mitmenschen herabzusetzen, werden für gewöhnlich von anderen nicht als Helden wahrgenommen, sondern eher als Loser, als negative Meckerer, als Leute, die gegen alles und jeden sind. Solche Leute empfinden wir meist nicht gerade als sympathisch, sondern eher als problematisch. Wer unterhält sich schon gerne mit solchen Miesepetern, die alles in den Dreck ziehen müssen.

Wahrhaft positive Menschen, die in allem etwas Gutes entdecken können, die permanent in Lösungen denken, wirken dagegen auf ihre Mitmenschen äußerst anziehend und charismatisch.

15. Sei Du selbst

Als ich ein Kind war, sagte mir meine Mutter öfter, ich solle doch vernünftig sein. Im weiteren Leben gab es viele andere Menschen, die mich mit dem Argument der Vernunft dazu bewegen wollten, meine Ansichten niederzulegen und ihre Meinungen anzunehmen.

Vernünftig bist Du dann, wenn Du Dich reibungslos in die Schafherde der Gesellschaft einordnest und das tust, was andere von Dir verlangen. So wird den Kindern langsam, aber sicher ihre Kreativität aberzogen und sie werden zu „vernünftigen" Erwachsenen, die das tun, was andere von ihnen erwarten. Burn-out, Midlife-Crisis und Depressionen sind die häufige Folge, wenn Menschen ihre wahren Wünsche aufgeben, um sich der Allgemeinheit anzupassen.

Es wird auch gesagt, dass Du einsichtig sein sollst, auch damit ist gemeint, dass Du einsehen sollst, dass Deine eigene Meinung falsch und die Meinung des anderen richtig ist. Wenn Du das nicht einsehen solltest, weil Du so ein schlechter Mensch bist, der auf seiner eigenen Meinung beharrt, dann musst Du von anderen zur Räson gebracht werden. Womit dann gemeint ist, dass Du durch Sanktionen oder gar körperliche Gewalt dazu gebracht werden sollst, Deine Meinung abzulegen und fortan die Meinung eines anderen zu vertreten. Sie möchten, dass Du Deine eigenen Wünsche verleugnest und zum Erfüllungsgehilfen für ihre Wünsche wirst. Dazu wollen sie Dich zum Einlenken bewegen usw.

Ich möchte Dich dazu ermutigen, einfach Du selbst zu sein, unabhängig davon, ob andere das als richtig oder falsch empfinden. Ich möchte Dich weiterhin dazu ermutigen, Dich auch von Sanktionen nicht beeindrucken zu lassen, das wäre nur Verrat an Dir selbst. Sei stur wie ein Maulesel und folge dem, was Du für richtig hältst! Wahres Glück kannst Du nur erfahren, wenn Du Deine Herzenswünsche lebst. Und nur ein glücklicher Mensch ist ein wirklicher Gewinn für die Gesellschaft.

Ich bin nicht vernünftig geworden und auch nicht einsichtig, habe mich auch von Sanktionen nicht beeindrucken lassen, aber nur deswegen bin ich zu dem geworden, der ich bin. Nur deswegen lebe ich meinen Traum! Denn es ist völlig egal, was andere Menschen von Dir halten, Du kannst es sowieso nicht allen recht machen.

Es allen recht getan, ist eine Kunst, die niemand kann.

Also, wenn Du es nicht allen recht machen kannst, sei auch nicht auf der Suche nach der Mehrheit. Mach es Dir selbst recht, gestalte Dein Leben so, wie Du es selbst als gut erachtest, so wie es Dich glücklich macht – und was andere darüber sagen oder denken, wen interessiert das schon?

Wer wurde denn nicht schon alles kritisiert? Die Beatles mussten viel Kritik einstecken für ihre Musik, für ihre Frisuren, Henry Ford musste mit viel Verurteilung leben, und Bill Gates ist ebenso ein Kritikmagnet. Glaubst Du, die haben sich davon beeinflussen lassen? Natürlich nicht, sie sind beharrlich ihren Weg gegangen und haben sich nicht um ihre Kritiker geschert.

Das ist in meinen Augen der einzig richtige Weg, den Du gehen solltest. Folge Deinen Herzenswünschen, folge Deinem Traum und bleibe dabei Du selbst. Verbiege Dich nicht, weil Du vielleicht glaubst, wenn Du ein anderer wärst, kommst Du schneller zum Erfolg. Dem ist nicht so. Die meisten Komplimente und Blumen erhalten Menschen, die einfach authentisch sind, weil es jeder auf irgendeine Weise spürt, wenn Du Dich verstellst.

Dazu mal eine kleine Geschichte:

Ein Vater zog mit seinem Sohn und einem Esel in der Mittagshitze durch die staubigen Gassen von Keshan. Der Sohn führte und der Vater saß auf dem Esel. „Der arme kleine Junge", sagte ein vorbeigehender Mann. „Seine kurzen Beinchen versuchen mit dem Tempo des Esels Schritt zu halten. Wie kann man so faul auf dem Esel sitzen, wenn man sieht, dass das kleine Kind sich müde läuft." Der Vater nahm sich dies zu Herzen, stieg hinter der nächsten Ecke ab und ließ den Jungen aufsitzen.

Es dauerte nicht lange, da erhob schon wieder ein Vorübergehender seine Stimme: „So eine Unverschämtheit. Sitzt doch der kleine Bengel wie ein König auf dem

Esel, während sein armer, alter Vater nebenherläuft."
Dies tat dem Jungen leid und er bat seinen Vater, sich
mit ihm auf den Esel zu setzen. „Ja, gibt es so was?",
sagte eine alte Frau. „So eine Tierquälerei! Dem ar-
men Esel hängt der Rücken durch und der junge und
der alte Nichtsnutz ruhen sich auf ihm aus. Der arme
Esel!" Vater und Sohn sahen sich an und stiegen beide
vom Esel herunter und gingen neben dem Esel her.
Dann begegnete ihnen ein Mann, der sich über sie lus-
tig machte: „Wie kann man bloß so dumm sein. Wofür
hat man einen Esel, wenn er einen nicht tragen kann?"

(Aus dem Buch: Peseschkian, „Der Kaufmann und der Papagei")

Diese Geschichte verdeutlicht uns eindrucksvoll, dass
es unmöglich ist, es allen Menschen recht zu machen.
Wenn man es aber sowieso nicht allen recht tun kann,
wozu es überhaupt versuchen?
Ich möchte Dich zu dem Standpunkt ermutigen, dass
wir nicht auf dieser Welt sind, um es allen anderen
Menschen recht zu machen, sondern wir sind hier, um
unseren Aufenthalt hier zu genießen, um glücklich zu
sein! Das werden wir aber nur dann können, wenn wir
es uns selbst recht machen. Also lass die anderen reden,
was sie wollen, und tue das, was Du für richtig hältst!
Mancher könnte das als Egoismus bezeichnen, na und?
Wenn Du es einem anderen recht machst, bedienst Du
lediglich **seinen** Egoismus.

Jeder Mensch ist egoistisch, da jeder nur durch seine eigenen Augen sehen kann!

Sei einfach egoistisch und tue das, was Du für das Beste hältst. Wenn sogenannte Freunde nicht damit leben können, was Du tust, dann sind es nicht Deine wahren Freunde!

Wahre Freundschaft, wahre Liebe nimmt Dich so, wie Du bist, und unterstützt Dich auch in Deinen waghalsigsten Vorhaben.

16. Was denken andere?

Es gibt sehr viele Menschen, denen es überaus wichtig erscheint, was andere über sie denken könnten. Da stehen sie nun, mit einer Gefühlsmischung zwischen Abscheu und Faszination, und versuchen, nach außen eine Person zu sein, von der sie glauben, dass diese bei ihren Mitmenschen einen großen Anklang findet. Aber das ist überhaupt gar nicht möglich, wie uns diese kleine Geschichte eben verdeutlicht hat.

Schon gar nicht in unserer modernen Zeit! Heute ist das öffentliche Meinungsbild viel zu vielschichtig, um dort überhaupt eine Mehrheit zu finden. Wenn Du diese gefunden hast, dann wirst Du eben von mehreren Minderheiten kritisiert.

Ich stehe auf dem Standpunkt, dass Du erstens nicht wirklich weißt, was ein anderer über Dich denkt, und zweitens ist es auch völlig egal! Es sind **seine** Gedanken, diese haben lediglich eine Auswirkung auf **sein** Leben.

Es ist völlig abstrakt, sich danach zu richten, was denn nun andere über einen denken könnten. Niemand weiß es genau, was andere denken. Vielleicht verachten sie Dich ja gar nicht, wenn Du Deinen eigenen Weg gehst. Du glaubst es nur, dass sie Dich ablehnen, weil Deine Eltern es Dir so beigebracht haben. Vielleicht hegen sie ja stillschweigende Bewunderung für Dich und denken:

„Hut ab, der/die hat aber Mut, leider habe ich diesen selbst nie gehabt!"

Ich persönlich neige immer zum Fremdschämen, wenn ich Menschen sehe, die sich für andere verbiegen, ihre wahren Interessen und Ansichten verraten und ihr Schicksal in stiller Verzweiflung ertragen. Da wird dann alles getan, für die Familie, für die Gemeinschaft. Was glaubst Du, was Du wirklich davon hast, wenn Du z. B. die Ehe aufrechterhältst mit einem Menschen, den Du im Grunde gar nicht mehr magst? Du machst es vielleicht nur, weil Deine Eltern und Schwiegereltern es so wollen oder weil Du glaubst, dass sie es so wollen. Diese wollen es vielleicht nur, damit im Ort nicht schlecht geredet wird, weil sich in der Familie wer scheiden lässt.

Also: Du erhältst unter Schmerzen die Ehe, weil Du denkst, Deine Eltern könnten denken... Und diese wollen, dass Du das tust, weil sie denken, jemand im Ort könnte etwas denken. Mit solcher Handlungsweise wird Dein ganzes Leben ad absurdum geführt, denn für Dein Leben ist lediglich das von Belang, was Du selber denkst.

Auch wenn es manchmal ein etwas längerer Lernprozess ist, ermutige ich Dich hiermit, Dich davon zu emanzipieren, was andere denken oder denken könnten. Auch bei mir hat es eine Weile gedauert, aber heute bin ich so weit, dass es mir völlig gleichgültig ist, was andere denken. Die haben eben eine andere Meinung als ich, aber das ist nicht mein Problem. Ich werde meine Meinung nicht mehr so verändern, dass ich für andere „funktioniere" und meine eigenen Belange hintenanstelle. Ich kann jedem versprechen, der es wagt, wirklich er selbst zu sein, dass damit eine ungeahnte Freiheit einhergeht. Dein Selbstbewusstsein wird sprunghaft ansteigen, Dein Wohlgefühl wird zunehmen. Denn jetzt bist Du der, der Du bist!

Wenn andere der Meinung sind, dass das nicht richtig ist, na und? Was geht es sie an, wie Du bist? Also ich bin lieber für andere der Böse, aber mir geht es gut, ich bin reich und glücklich, als dass ich für andere der Gute bin, aber innerlich bin ich zerrissen, zweifle an mir selbst, bin unglücklich und hadere mit mir und dem Leben.

17. Charakter

Oftmals wirst Du das schon gehört haben, dass jemand einen guten Charakter hat, von anderen wurde Dir berichtet, dass sie einen schlechten Charakter besitzen. Später, als Du erwachsen wurdest, hast Du diese Betrachtungsweise übernommen.

Ich möchte Dich dazu ermutigen, dass es nicht besonders zielführend ist, andere Menschen aus dieser Perspektive zu betrachten. Charakter ist lediglich ein anderes Wort für Prägung, und wenn nun ein anderer Mensch eine Prägung vorzuweisen hat, die mit Deinen Werten nicht übereinstimmt, heißt es ja noch lange nicht, dass dieser Mensch schlecht ist. Er hat in seiner Kindheit einfach nur andere Werte von seinem Umfeld vermittelt bekommen als Du, was denn nun gut oder schlecht sei.

Du wirst ja sicherlich auch schon festgestellt haben, dass diese ach so „schlechten Menschen" trotzdem Freunde haben, vielleicht sogar Verehrer oder Fans. Aber warum sollte jemand einen anderen mit einem schlechten Charakter mögen? Du wirst jetzt argumentieren, dass der Freund eben auch einen schlechten Charakter hat. Aber eigentlich gibt es da kein Gut oder Schlecht, das hat einfach etwas mit der Vielfalt der Welt zu tun. Wenn Dir bestimmte Menschen nicht behagen, brauchst Du ja nicht Deine Freizeit mit ihnen zu verbringen, aber indem Du sie verurteilst, wirst Du Dir selbst schaden, indem Du negative Gedanken denkst und dadurch negative Emotionen auf Dein Unterbewusstsein lädst. Aus einer völlig nüchternen und ideologiefreien Betrachtungsweise heraus ist derjenige gut (positiv), der möglichst wenige negative Gedanken und Gefühle aussendet. Nicht so gut (negativ) ist dann der, der besonders viele negative Gedanken und Gefühle auf seinem Unterbewusstsein ablädt und diese ins Universum aussendet. Oftmals sind die Letzteren genau die Menschen, die sich als moralische Instanz verstehen, die an allen anderen das Schlechte finden und es hervorheben. Das hat sich dann in unserer Welt so eingebürgert, dass man diese Menschen als gut betrachtet und den, der da kritisiert wird, als schlecht. Aber oftmals ist es genau andersherum.

Dein Charakter ist die Prägung Deines Unterbewusstseins, wenn Du andere einfach sein lässt, wie sie sind, niemanden aufgrund seiner Wünsche und Handlungen verurteilst, größtenteils an das denkst, was Du als erwünscht betrachtest, Dich dadurch ausgezeichnet fühlst, so ist das das beste Zeichen, dass Dein Charakter hervorragend ist. In der Bibel gibt es diesen wunderbaren Spruch:

„An ihren Früchten werdet ihr sie erkennen. Liest man etwa Trauben von Dornen oder Feigen von Disteln? So bringt jeder gute Baum gute Früchte, aber der faule Baum bringt schlechte Früchte."
Matthäus 7,16

Wenn Du diesen Spruch mal ernsthaft reflektierst, wirst Du erkennen, dass dort eine tiefe Wahrheit verborgen ist. Der Mensch, dem es gut geht, der gesund, reich und glücklich ist, der hat doch wohl im Einklang mit den universellen Gesetzen gehandelt, und derjenige, der arm, krank und unglücklich ist, hat ganz offensichtlich gegen diese allgemeingültigen Gesetze verstoßen. Also wie kommen jetzt Menschen auf die Idee, dass der Arme der Gute ist?

Das hat meist nur damit etwas zu tun, dass ihr Blick auf die Welt von Neid getrübt ist, ihnen der linksgerichtete Mainstream das suggeriert und weil sie diese Gesetze des Lebens nicht kennen.

Die Welt wird in den Medien oft so dargestellt, als ob der Reiche schuld sei an der Armut der Armen.

Aber stell Dir vor, ein Bill Gates, Paul McCartney, Brad Pitt, Mark Zuckerberg oder Steve Jobs hätte nach seiner ersten Million aufgehört zu arbeiten, glaubst Du, dann wäre auch nur ein Kind im Slum von Bangladesch ein Stück reicher? Glaubst Du, wenn Du weniger isst, hat ein Kind in Afrika mehr zu essen? Ich denke, das Gegenteil ist der Fall.

Erstens sind viele reiche Menschen sehr große Wohltäter, allen voran Bill Gates, er führt –zusammen mit seiner Frau Belinda – die größte und finanzstärkste Wohltätigkeitsorganisation der Welt.

Zweitens: Hätten alle Reichen nach ihrer ersten Million aufgehört zu arbeiten, müsste dann die Welt auf die

Errungenschaften dieser Menschen verzichten. Der Sport, die Kunst und die Technik wären dann nicht mehr professionell, sondern nur noch provinziell.

Drittens: Wenn jetzt jeder weniger konsumieren würde, würden die Steuereinnahmen drastisch einbrechen und damit müssten auf lange Sicht auch z. B. Entwicklungshilfen gekürzt werden.

Du erschaffst Dir Deinen Reichtum durch Deine Gedanken. Umso öfter Du daran denkst, dass die Welt ungerecht sei, umso mehr Armut ziehst Du in Dein Leben. Neid ist das beste Mittel der Welt, um Armut, Unglück und Krankheit in Dein Leben zu ziehen. Wenn jemand reich, gesund und glücklich ist, dann ist das ein sicheres Zeichen dafür, dass er im Einklang mit den Gesetzen des Universums ist!

Ich möchte Dich nochmals darauf hinweisen, dass es einzig und allein die Inhalte Deines Unterbewusstseins sind, die darüber entscheiden, ob Du ein gutes Leben in Wohlstand führst oder eher ein nicht so schönes Leben im Mangel.

Für die Inhalte Deines Unterbewusstseins bist Du selbst verantwortlich. Auch wenn Du in der Kindheit negativ geprägt wurdest, hast Du dennoch die Macht, negative Inhalte durch Vergebung zu löschen und positive Inhalte durch die Vision hinzuzufügen.

Wenn Du das beharrlich tust, werden Deine Resultate im Leben immer besser, Du wirst gesünder, reicher und glücklicher. Natürlich kann das irgendwann den Neid der anderen hervorrufen, aber dann wird Dich das nicht wirklich interessieren, was irgendwelche Loser da von sich geben. Schließlich kann das jeder tun, ausnahmslos!

Als Kind wurde mir und vielen anderen beigebracht, dass man doch bescheiden sein muss!

Das sagen sie Dir dann meist mit einem Gesichtsausdruck, als würden sie Dir ein fundamentales Naturgesetz offenbaren. Dabei ist zu bemerken, dass der Begriff Bescheidenheit meist nur materiell wahrgenommen wird. Niemand würde auf die Idee kommen zu sagen:

Ich bin bescheiden, ich brauche nicht so viel Gesundheit, ein paar chronische Krankheiten würden mir nichts ausmachen!

Oder:

Ich bin bescheiden, ich brauche keine gute Frau, die Liebevollen, Hübschen, Klugen lasse ich für die anderen, mir genügt eine dumme, verlogene Schlampe.

Solche Äußerungen würden allenfalls Unglauben oder Gelächter hervorrufen.

Aber kaum sagt jemand, dass er sich materiell nur mit dem nötigsten begnügen möchte, wird er als „bodenständig" gepriesen und ist für viele schon aufgrund dieser Aussage ein guter Mensch!

Aber wo ganz genau liegt der Vorteil für Dich, jemand anderen oder die Welt, wenn Du bescheiden bist? Wo liegt der Nachteil, wenn Du nicht bescheiden bist und sagst:

„Ich will von allem nur das Beste!"

Diese ach so bescheidenen Leute sind oft nur Loser, die ihre wahren Wünsche bereits zu Grabe getragen haben, weil sie es nicht geschafft haben, sich diese zu erfüllen.

Lass Dich von solchen Menschen nicht runterziehen, Du **kannst** alle Deine Wünsche Wirklichkeit werden lassen.

Dazu musst Du Dich **beharrlich** auf das konzentrieren, was Du gerne möchtest, und Deine Aufmerksamkeit abziehen von Dingen, die Du nicht möchtest.

Ja, es ist tatsächlich so einfach! Das Gesetz der Anziehung wird Dir mehr von dem in Dein Leben bringen, dem Du Deine Aufmerksamkeit schenkst!

Ob der Wunsch richtig oder falsch für Dich ist, erkennst Du daran, wie Du Dich fühlst, wenn Du an seine Erfüllung denkst!

Er muss sich nur für **Dich** gut anfühlen, nicht für andere.

Denke so oft es geht an seine Erfüllung, und nichts und niemand kann die Manifestation Deines Wunsches verhindern.

Im Körperlichen wird da immer gern von „Veranlagung" geredet. Da ist jemand viel zu dick und nun sagt er, dass er die Veranlagung dazu hat, dick zu werden, sein Körper setzt eben schneller an als andere. Das ist aber kompletter Schwachsinn, solch eine Veranlagung gibt es einfach nicht. So könnte ja auch jemand behaupten, dass er die Veranlagung dazu hat, arm zu sein oder unglücklich.

Natürlich wird der eine schneller dick als der andere. Manch einer kann essen, was auch immer er will, ohne dabei zuzulegen, der andere schlendert nur mal an der Pommesbude vorbei und hat schon zugenommen. Das hat aber eben nichts mit Veranlagung zu tun, wo sollte die denn herkommen? Es sind einzig und allein die Inhalte Deines Unterbewusstseins, und diese kannst Du selbst jederzeit ändern!

18. Zwischenstopp

So, nun fassen wir mal kurz zusammen, was wir bereits haben.

Also: Wenn Du fleißig bist und das brennende Verlangen verspürst, Dein Leben nachhaltig zu verbessern, dann wirst Du bereits täglich mit voller Inbrunst Deine Vergebung schreiben. Damit solltest Du die ersten vier Wochen auf gar keinen Fall auch nur einen Tag aussetzen. Wenn Du danach nur noch sechsmal die Woche diese Stunde aufbringst, so ist das auch o. k. Das hat einfach damit zu tun, dass wenn Du schon in der ersten Woche anfängst, mal eine Ausnahme zu machen, dann wirst Du nie diese gute Gewohnheit installieren.

In China sagt man, dass es genau 21 Tage braucht, um eine tägliche Handlung zu einer felsenfesten Gewohnheit werden zu lassen. Genau das ist unser Ziel, die Gewohnheiten zu entwickeln, die Dich dorthin bringen, wo Du sehnlichst hin willst. Das sollte Dir einleuchten, dass wenn Du Deine Gewohnheiten beibehältst wie bisher, auch Deine Resultate sein werden wie bisher. Das ist sozusagen einfache Mathematik, das ist das, was uns das Zitat von Nikolaus Enkelmann ganz am Anfang des Buches gesagt hat, dass wir auf dem richtigen Weg sein müssen, um zum Erfolg zu kommen!

Da Du vorher anscheinend noch nicht zu 100% die Resultate hattest, die Du Dir wünschst, ist es nur logisch, dass eine Kurskorrektur her muss. Natürlich wird sich nichts ändern, wenn Du nun mal sporadisch ein bisschen vergibst, sporadisch mal visualisierst. So funktioniert das eben nicht. Wäre ja genauso, als wenn Du mal so irgendwann mal eine Stunde Japanisch lernen wolltest. Gut in dieser Sprache wirst Du nur, wenn Du es konsequent machst, es zu einer Gewohnheit werden lässt, diese Sprache zu lernen.

Neben der Vergebung hast Du es Dir ebenfalls schon zur Gewohnheit werden lassen, täglich Deine Visualisierungsspots zu sehen, auch das machst Du mit Inbrunst, Du versuchst täglich, darin **noch** besser zu werden. Vielleicht funktioniert das alles noch nicht so gut, abends im Bett schläfst Du ein, auf dem Nachhauseweg kannst Du Dich nicht konzentrieren, weil Du Hunger hast oder weißt, dass die Frau oder der Mann wartet.

Aber betrachte das alles als Anfangsschwierigkeiten, die eigentlich jeder hat. Als Du Fahrradfahren gelernt hast, hast Du Dich ja auch nicht raufgesetzt und bist gleich unfallfrei davon gebraust, es hat sicher eine Weile gedauert, bis Du es wirklich so richtig gut und sicher konntest.

Ich weiß, es ist eines der schwersten Dinge der Welt, Gewohnheiten zu verändern, aber wenn ich es geschafft habe, dann schaffst Du das schon lange.

Du solltest immer Dein Ziel vor Augen haben, dieses Ziel ist Dein Leuchtturm, und tief in Deinem Herzen weißt Du, dass es ein unglaubliches Gefühl sein wird, dort anzukommen.

Es ist wirklich umwerfend, wenn andere Leute Dich schon abgeschrieben haben, wie Phönix aus der Asche aufzuerstehen und an allen anderen, die Du kennst, vorbeizuziehen.

Und ich möchte, dass auch Du dieses Gefühl erfährst, dass Du erlebst, wie andere Dich beneiden und Mitmenschen Dich um Rat fragen, wie Du das bloß geschafft hast.

19. Fühl Dich gut!

Sehr wichtig ist ebenfalls, dass Du versuchst, Dich immer bewusst gut zu fühlen. Gefühle sind ein Feedback-Mechanismus Deiner Gedanken! Das heißt, wenn Du Dich gut fühlst, ist das auf Deine Gedanken zurückzuführen.

Genaugenommen ist das so ziemlich alles, was ein Mensch will: **sich gutfühlen!**

Stell Dir vor, Du fühlst Dich einen ganzen Tag lang ausgezeichnet, dann hattest Du einen guten Tag. Fühlst Du Dich sieben Tage wunderbar, dann war es eine gute Woche, fühlst Du Dich 52 Wochen absolut super, so hattest Du ein gutes Jahr, und wenn Du Dich sehr viele Jahre einfach absolut glücklich fühlst, so hattest Du ein gutes Leben! Das solltest Du in keinem Falle unterschätzen. Wenn Du zu den Menschen zählst, die glauben, dass sie sich erst dann gut fühlen, wenn sie ihr Ziel erreicht haben, dann solltest Du Deine Einstellung vielleicht noch einmal überdenken. Denn dann wirst Du Dich niemals so richtig gut fühlen, denn wenn Dein Ziel erreicht ist, dauert es vielleicht eine Woche, und es erscheint ein neues, noch größeres Ziel am Horizont. Wenn Du aber ständig unglücklich oder zumindest angespannt und ungeduldig bist, weil sich Dein Ziel noch nicht manifestiert hat, dann wirst Du erstens nur selten wahres Glück erfahren und zweitens wird es wesentlich länger dauern, bis Deine Ziele erreicht sind.

Das Universum reagiert auf Wohlgefühl. Wenn Du das ständig aussendest, werden Dinge und Begebenheiten in Dein Leben treten, die Dich **noch** besser fühlen lassen.

Deswegen solltest Du nach Möglichkeit darauf achten, dass Du Dich **zuerst** gutfühlst, um damit das, was Du Dir wünschst, noch schneller und anstrengungsloser zu erreichen!

Deswegen sind Techniken und Handlungen, die Dein Wohlgefühl steigern, niemals zu unterschätzen, auch wenn es sich um kleine Tools handelt, die für sich genommen nur eine kleine Steigerung Deines Wohlfühllevels auslösen. Angenommen, Du setzt fünf Techniken um, die jede für sich allein genommen Deinen Wohlfühllevel nur um 5% steigern kann, dann sind es zusammengenommen schon mal 25% mehr Lebensfreude.

Es gibt Menschen, die würden dafür töten, 25% mehr Lebensfreude zu erhalten. Viele Menschen nehmen Medikamente mit starken Nebenwirkungen, betäuben sich mit Alkohol oder gar Drogen, um sich nur für kurze Zeit ein wenig besser zu fühlen.

Alles, was Du in diesem Buch vermittelt bekommst, ist dazu ausgelegt, dass Du Dich wesentlich besser fühlst als bisher, und die einzige Nebenwirkung wird sein, dass sich Deine Herzenswünsche noch schneller manifestieren!

Durch die Vergebung und Deine Vision wirst Du Dich eh schon viel besser fühlen als jemals zuvor, aber man kann das noch bewusst weiter steigern.

Das kannst Du erreichen, indem Du beginnst, Dich selbst zu reflektieren. Also angenommen, Du sitzt im Bus und ärgerst Dich über den Stau, dann solltest Du kurz innehalten und Dich bewusst dazu entscheiden, Dich da nicht länger drüber ärgern zu wollen! Ändern kannst Du eh nichts dran, also kannst Du genauso gut diese Zeit für etwas Erfreuliches nutzen. Du könntest Dir Deine Mitreisenden ansehen, jede Wette, dass Du da ganz schnell einen schönen Anblick findest? Oder Du hast bestimmt Dein Handy dabei. Schreib einfach einem Menschen eine liebe SMS oder guck im Internet nach Witzen. Wie auch immer, wenn Du Dich gut fühlst, senden Dein Unterbewusstsein und Deine gesamte DNA gute Schwingungen aus. Also muss vom Universum auch eine positive Resonanz erfolgen. Diese muss nicht sofort kommen, aber sie **wird** kommen.

Warum fühlen sich viele Menschen schlecht? Weil sie sich auf Dinge fokussieren, die sie sich schlecht fühlen lassen. Du fühlst Dich ja nicht schlecht, weil dort irgendetwas passiert ist, **Du fühlst Dich schlecht, weil Du Deinen Fokus darauf richtest, was da passiert ist und weil Du es verurteilst!**

Sei nicht so blöd und konzentriere Dich auf Dinge, die Du nicht magst! Es ist wirklich unglaublich dumm, Nachrichten zu sehen und sich danach zu ärgern, weil wieder irgendwer irgendwas getan hat, was ich als falsch einstufe. Egal was ein Mensch auf dieser Welt tut, es wird **immer** Menschen geben, die das gut finden, was der macht, und andere, die das nicht gut finden, was der tut. Also gibt es aus einer ideologiefreien Betrachtung **keine** Tat, die gut ist, und **keine** Tat, die schlecht ist! Es ist lediglich eine Meinung!

Für Dich ist es am besten, wenn Du beginnst, nicht mehr darüber zu urteilen. Lass sie machen, was sie wollen. Im Grunde kannst Du sie eh nicht davon abbringen. Was hast Du davon, wenn Du Zeitung gelesen hast? Glaubst Du, jetzt wärst Du klüger? Nein, eigentlich ist das keine Klugheit, wenn ich alle „Schandtaten" anderer Menschen auswendig weiß, wenn ich weiß, wer laut dem Mainstream wieder der Böse ist usw.

Im Endeffekt hast Du Dir Schadstoffe in Dein Gehirn hochgeladen!

Und eigentlich ist es ziemlich blöd, sich freiwillig diese Schadstoffe in sein Gehirn zu ziehen. Diese greifen auf Dein Unterbewusstsein über und bringen Deine Stimmung nach unten. Und dadurch wird das, was Du ausstrahlst, qualitativ minderwertiger. Das, was Dir das Universum zurückschickt, als Materie und Begebenheiten, wird ebenfalls minderwertiger sein! **Sei nicht so blöd!**

Glaubst Du, der Politiker ist ein Idiot, weil er solch dummes Zeug labert? Nein, der bekommt gutes Geld dafür, solch dummes Zeug zu labern! Der, der sich darüber aufregt, ist im Grunde der Idiot, weil er dafür **nichts** bekommt außer ein paar schlechte Gefühle!

Du kannst genauso gut Deine Aufmerksamkeit auf die Dinge richten, die Du magst, die Dir gute Gefühle geben! Du könntest Dir bei YouTube Videos von Rolls Royce angucken oder von Aston Martin oder was auch immer Dein Favorit ist. Oder von großen Villen oder einfach ein Musikvideo von Deinem Star oder lustige Tiervideos oder was auch immer, aber nichts, was Dich runterzieht!

Dadurch wirst Du Dich **noch** besser fühlen und **noch** glücklicher werden. Dadurch verbessern sich Deine Schwingungen **noch mehr**, und was zu Dir zurückkommt, wird **noch** besser sein. Dadurch wird sich **noch** einmal alles steigern!

Auch das ist lediglich eine Gewohnheit. Kritik ist eine Gewohnheit, Nachrichten schauen ebenso. Aber wenn es eine Gewohnheit ist, dann kannst Du es Dir auch abgewöhnen und eine andere Gewohnheit aufbauen, wie eben, Dich immer auf das Schöne zu fokussieren.

Du musst einfach damit beginnen, es bewusst zu tun, egal wo Du bist, zur Gewohnheit wird es dann ganz von allein. Dieses sich auf negative Dinge Konzentrieren ist ja in den meisten Fällen auch vollkommen sinnlos.

Nehmen wir als Beispiel die Finanzkrise: Meine Güte, was wurde darüber negativ berichtet, Schuldige gesucht, Schuldige vorverurteilt usw.

Wenn ich dann aber die Menschen frage, welchen Schaden sie ganz persönlich durch die Finanzkrise hatten bzw. haben, dann höre ich die einstimmige Meinung: gar keinen! Ich persönlich kenne keinen Menschen, dem es jetzt wirklich schlechter geht, weil da irgendwo oder überall eine Finanzkrise war.

Angenommen, ein Mensch hätte sich geweigert, sich medial in irgendeiner Form zu informieren, der hätte diese Krise überhaupt nicht bemerkt, und es ginge ihm sicherlich besser als jemandem, der das ganze jetzt schon seit Jahren im Liveticker verfolgt und sich Sorgen macht.

Sei standhaft wie eine deutsche Eiche und schreibe Deine Vergebung und visualisiere mehrmals täglich und weigere Dich, Deine kostbare Zeit negativen Dingen zu schenken!

Britta S. rief mich eines Tages im Verlag an und man konnte ihre Verzweiflung förmlich mit Händen greifen. Obwohl mein Terminkalender randvoll war, überzeugte sie mich, dass ich für sie noch Zeit haben muss.

Schon seit Jahren fühlte sie sich schlecht, nicht verstanden, ungeliebt, jetzt brach es mit ungestümer Gewalt aus ihr heraus und sie wollte unbedingt ihr Leben verändern.

Sie führte mit ihrem Mann eine recht große Firma, die ziemlich gut lief, sie produzierten und vertrieben Teile für den Industriebedarf. Britta saß den ganzen Tag im Büro und erledigte Tätigkeiten, die ihr nicht im Ansatz gefielen, sie hatte sich mit ihrem Mann schon ziemlich weit auseinandergelebt. Sie stritten sich selten, aber lebten nur wie Bruder und Schwester zusammen, die einzigen Gesprächsthemen bewegten sich um die gemeinsame Firma. Sie träumte davon, Mode zu entwerfen und diese in eigenen Boutiquen zu verkaufen. Weiterhin träumte sie von Liebe, Zärtlichkeit und Anerkennung. Sie hatte den Glauben, dass wenn sie ihren Mann verließe, würde die Firma zusammenbrechen und sie würde damit den Unmut ihrer gesamten Familie auf sich ziehen. Sie fühlte sich gefangen in einem Leben, das sie nicht mochte.

Ich legte ihr dar, dass es so etwas gar nicht gab und es eigentlich nur in ihrem Empfinden so war.

Sie glaubte nicht so recht an das Gesetz der Anziehung, auch nicht daran, dass einfache Techniken ihr Leben revolutionieren könnten. Aber die Verzweiflung trieb sie dazu, es einfach einmal auszuprobieren. Sie setzte sich nun jeden Abend hin und schrieb eine Stunde Vergebung. Sie bastelte sich einen visuellen Kurzfilm, in dem sie die Besitzerin von einem eigenen Modelabel war und mehrere Boutiquen betrieb.

Nachdem sie diesen Spot mehrmals täglich sah, beharrlich Vergebung praktizierte, begann ihre Hoffnung von Tag zu Tag stärker zu werden. Sie konnte es sich ohne Probleme vorstellen, in ein neues Leben zu starten. Aus dem „völlig unmöglich!" wurde auf einmal ein „warum denn eigentlich nicht!"

Nach zwei Monaten fühlte sie sich schon deutlich besser und sie spürte, dass sie auf dem richtigen Weg war.

Nach knapp vier Monaten bat ihr Mann sie um ein Gespräch, er offenbarte ihr, dass er die Scheidung wolle, weil er eine andere Frau kennengelernt hatte. Sie vereinbarten, dass der Mann die Firma behielt und das Haus, Britta bekam das gesamte Barvermögen, das genug war, um problemlos ihr Atelier und drei Boutiquen zu finanzieren.

Von der damals desillusionierten, verzagten Britta war nicht viel übrig geblieben.

Wenn Sie geschäftlich in Berlin ist, treffen wir uns auf einen Kaffee und ich begegne einer strahlenden, glücklichen Frau, die beruflich voll durchstartet und auch privat ihr Glück gefunden hat, sie lebt jetzt täglich ihren Traum. Auch ihre Befürchtungen erfüllten sich nicht, sie hat immer noch guten Kontakt zu ihrem Exmann und dessen Familie.

Ich möchte nochmals betonen, dass es keinen Menschen gibt, der das **nicht** kann. Es ist einfach dieser Reinigungsprozess Deines Unterbewusstseins, der schon vieles bewirkt. Kaum ein Mensch kommt auf die Idee, das Haus zu verlassen, ohne sich vorher gewaschen zu haben. Es ist für die meisten Menschen selbstverständlich, täglich ihren Körper zu reinigen. Genauso selbstverständlich sollte es für Dich werden, Dein Inneres sauber zu halten. Viele haben einen sauberen Körper, noch aufgepeppt durch teures Parfum, teure Bekleidung, teuren Schmuck, aber innerlich sind sie dreckig wie die Schweine.

Genauso wie viele Menschen abgestoßen sind von Leuten, die verwahrlost aussehen und übel riechen, sind die Dinge, die Du als gut betrachtest, abgestoßen von einem negativen, hasserfüllten Unterbewusstsein.

Nichts ist unmöglich einem Menschen, der bereit ist, sein Unterbewusstsein zu reinigen, und täglich seine Vision sieht!

20. Die Meditabelle

Nun möchte ich Dir eine Technik an die Hand geben, die es schaffen wird, Deine Glücksgefühle noch weiter zu steigern.

Ich habe es selbst erlebt, deswegen ist meine Überzeugung von diesem Tool auch so groß.

Als ich damit begann, fühlte ich mich bereits jeden Tag ausgezeichnet und dachte, dass weitere Steigerungen nicht möglich sein werden.

Aber ich wurde eines Besseren belehrt. Heute weiß ich, dass es nie zu einem Ende dieser Aufwärtsspirale kommt. Es ist durchaus möglich, sich noch besser als ausgezeichnet zu fühlen. Ich stelle mir das so vor, dass diese Skala einfach nach oben offen ist, da gibt es keinen Anschlag, wie zum Beispiel auf einer Skala von 1-10. Dein Wohlfühllevel kann immer weiter steigen, und wenn Du glaubst, besser geht es nicht mehr, wirst Du einen Monat später bemerken, dass es sehr wohl noch besser ging! So wird es nach und nach passieren, dass Du Dich in einer Aufwärtsspirale befindest, die einfach kein Ende nimmt. Wenn Du dann Deinen Tag, Deine Woche reflektierst, stellst Du fest, dass Du Dich so gut fühlst wie noch nie in Deinem Leben.

Nun, um diesen Prozess noch zu beschleunigen, möchte ich Dich dazu animieren, eine Meditabelle zu führen! Das hat den Sinn, dass wenn Du dokumentierst, wie denn Deine Vision war und wie Du Dich den Tag lang gefühlt hast, Du dann erstens einen größeren Ehrgeiz entwickeln wirst und zweitens es Dir leichter fällt, auch kleine Verbesserungen zu sehen.

Siehe Tabelle am Ende des Kapitels:

Das Datum ist klar, bei Vision trägst Du Deine Visualisierungen ein, also das x steht für eine Vision und die Zahl dahinter ist die Bewertung dessen. Nimm einfach das Schulnotensystem. Dieses ist jedem vertraut. Morgens direkt nach dem Erwachen und abends direkt vor dem Einschlafen markiere ich rot (hier fett), weil es die Wichtigsten sind.

Dann vergebe ich eine Tagesnote, die ist für gewöhnlich der Durchschnitt der Noten. Dann wird ein Tagesgefühl bewertet, das heißt, wie habe ich mich heute durchschnittlich gefühlt?

Danach kommt eine Spalte, wie ich heute vergeben habe. In diesem Falle bedeutet das am 11.6. Vergebung: vier Seiten mit der Note 2+. Diese Note sagt aus: Wie habe ich mich dabei gefühlt? War ich ganz bei der Sache, war ich „drin"?

Wenn Du diese Tabelle eine Weile führst, wirst Du ein gutes Gefühl dafür entwickeln und die Benotungen gehen Dir leicht von der Hand.

Du gibst Dir also selbst Zensuren, das beflügelt. Stell Dir vor, in der Schule würde es keine Zensuren geben, dann wäre wohl kaum ein Kind motiviert zu lernen. Im Endeffekt strengen sie sich an, um gute Noten zu erhalten. Damit glänzen sie bei den Eltern und später bei

Bewerbungsgesprächen. Aber als Erstes löst es einen gewissen Ehrgeiz aus, der ohne Benotung nicht entsteht.

Nun wirst Du bemerken: Umso besser Deine Vision ist, umso besser Du geschrieben hast, desto besser wirst Du Dich die Tage danach fühlen.

Wie schon zuvor erwähnt, ist es äußerst sinnvoll, dass Du Dich von Tag zu Tag besser fühlst!

Seit ich diese Tabelle führe, habe ich einen großen Ehrgeiz entwickelt, meine Visionen **noch** intensiver zu gestalten, meine Vergebung **noch** ehrgeiziger zu schreiben, mich **noch** besser zu fühlen! Es ist tatsächlich so: Wenn ich vor drei Jahren einen guten Tag hatte, dann ist es vom Gefühl dasselbe, als wenn ich heute einen schlechten habe! Wenn ich heute einen „schlechten" Tag habe, bedeutet das lediglich, dass er nicht ganz so spitzenmäßig ist wie die anderen Tage, eigentlich ist es dennoch ein guter Tag, mit Lachen und Wohlbefinden. Mein gesamtes Wohlfühllevel hat sich enorm gesteigert, ist auf einer völlig neuen Ebene. Das kannst Du auch! Es ist natürlich auch logisch, dass wenn Du Dich viel besser fühlst, auch Deine Resultate im Leben viel besser werden müssen! Weil ja dieses Wohlgefühl ein Zeichen dafür ist, dass Du positive Schwingungen ins Universum sendest, also müssen auch wieder positive Resultate zurückkommen.

Also zieh es einfach durch! Dieses Führen einer Meditabelle kostet Dich vielleicht zwei oder drei Minuten am Tag, aber sie hat die Macht, Deinen Ehrgeiz erheblich zu steigern, und damit trägt sie dazu bei, Deine Resultate und Erfahrungen zu verbessern.

Datum	Vision	Note gesamt	Tages-gefühl	Schreiben	Was war supi heute?
11. Juni	x2x2x2+x3+x2	2+	2+	v4-2+	Habe mich heute sehr gut gefühlt....
12. Juni	x2+x1x1x2+x2	1	1-	v3-2+	Beim Sport der Typ mit Spitzbart, den ich für ein riesen A-Loch hielt, war echt TOTAL nett :)
13. Juni	x2x2x2x2x2	2+	2+	v3-1-	guter Tag!
14. Juni	x3+x2x2+	3	2+	v3-2	Ich liebe das Leben!
15. Juni	x2x2+x2+x3+x3	2+	2+	v3-3+	Heute ein nettes Gespräch mit dem Chef gehabt
16. Juni	x2x2+x2+x1	1-	3+	v3-4	Heute war nicht so ganz mein Tag, morgen wird besser, BESTIMMT!
17. Juni	x2+x2x2x2	2+	2+	v3-2	Es wird immer besser.
18. Juni	x3x2+x2x2+x2	2+	2+	v5-3+	Seitdem ich Vergebung schreibe, fühle ich mich irgendwie leichter!
19. Juni	x3+x2x2x2x3	2	1	v5-2+	Hab mich heute super gefühlt
20. Juni	x2x1x1x1	1	2+	v5-2	sehr guter Tag!
21. Juni	x2x2+x3	3+	2	v3-2	Meine Tage werden immer besser, ich spüre, dass ich auf dem richtigen Weg bin.
22. Juni	x2x2x2x2	2	2+	v5-3+	Hatte heute eine tolle Begegnung
23. Juni	x3-x2x2+x3-x2+x2+	2+	2+	v5-2	Lief heute auf Arbeit wie geschmiert
24. Juni	x2x1x2x2+	2+	2+	v5-2+	Oma hat angerufen, es geht ihr wieder gut
25. Juni	x2+x2+x2+x2	2+	1-	v5-2+	Heute habe ich mich echt super gefühlt
26. Juni	x2+x2+	4	2+		Bin heute nicht so viel zum Visualisieren und nicht zum Schreiben gekommen, morgen wird besser!
27. Juni	x2+x2x1x2x2	2+	2+	v5-2	Heute war wieder super!

21. Selbstwertgefühl steigern!

Wenn Dein Selbstbewusstsein steigt, steigt automatisch auch Dein Wohlfühllevel. Du wirst es selbst sicherlich schon bemerkt haben, dass wenn Du Dich nicht besonders fühlst, auch automatisch Dein Selbstbewusstsein in den Keller geht. Also nehmen wir den Umkehrschluss, der besagt, dass wenn Dein Wohlfühllevel steigt, sich automatisch Dein Selbstbewusstsein erhöht. Aber man kann auch sein Glücksgefühl dadurch steigern, indem man bewusst sein Selbstbewusstsein erhöht.

Natürlich musst Du etwas dafür tun, es ist mit einem Zeitaufwand und auch der einen oder anderen Anstrengung verbunden.

Selbstbewusstsein erlangst Du auch, indem Du prinzipiell das tust, was Du Dir vorgenommen hast. **Selbstvertrauen** heißt, dass Du Dir **selbst vertraust**. Und so, wie Du einem Kumpel nicht mehr vertraust, wenn Du Dich nicht auf ihn verlassen kannst, ist es auch mit Dir selbst. Also mache immer genau das, was Du Dir selbst oder anderen angekündigt hast, ohne Wenn und Aber. Auch Ausreden wie „keine Zeit gehabt" oder ähnlich gelten nicht, Du tust das für Dich selbst! Damit Du selbstbewusster wirst, musst Du sehr zuverlässig Dir und anderen gegenüber sein. Also, wenn Du Dir sagst „Morgen früh gehe ich joggen", dann tu es auch, erfinde keine Ausreden, tu es auch, wenn es regnet oder wenn gerade die Welt untergeht, tu es trotzdem, damit kannst Du Dir innerhalb kürzester Zeit ein unüberwindliches Selbstbewusstsein aufbauen, und auch andere werden Dich für zuverlässig und aufrichtig halten. Ein Mensch, der immer das tut, was er vorher sagte, wird von anderen als aufrecht und stark wahrgenommen. Aber nicht nur von anderen, sondern eben auch von Dir selbst. Andere, die laufend irgendetwas ankündigen, was dann nur selten umgesetzt wird, gelten als Schwätzer und Schwächlinge – auch vor sich selbst. Sie können sich selbst nicht vertrauen, weil sie selbst ja vorher nie genau wissen, ob sie denn auch das tun werden, was sie sich selbst oder anderen vorher angekündigt haben. Sicher wirst auch Du eine solche Person kennen und Du weißt selbst, was Du von demjenigen hältst. Sei Dir gewiss, dass das Bild, was diese Person von sich selbst hat, nicht anders ist, als Du diesen Menschen siehst.

Es ist ja im Grunde überhaupt nicht schlimm, wenn jemand keine Lust zum Joggen hat, ich persönlich tue es auch nicht. Aber ich nehme es mir auch gar nicht erst vor, weil ich weiß, dass es nicht so meins ist. Aber wenn ich mir vornehme, etwas zu tun, dann tue ich es auch. Manchmal kostet das ein wenig Überwindung, aber umso größer die Überwindung, umso besser fühle ich mich danach, wenn ich mich überwunden habe.

22. Beautiful World

Wenn Du ein anderes Leben führen willst als die graue Masse, dann musst Du **anders denken** als die graue Masse. Deine Gedanken prägen Dein Unterbewusstsein und dieses sendet Deine Schwingung ins Universum, das Dir dann 1:1 **Deine eigenen** Schwingungen zurück zu Dir schickt, in Form von Begebenheiten und Materie.

Nun kann aber niemand auf Bestellung anders denken! Du kannst nicht einfach morgens aus dem Haus gehen und nun völlig anders denken, als Du es gewohnt bist zu denken. Da ist einfach eine Wechselwirkung. Deine Gedanken beschreiben Dein Unterbewusstsein, aber die Inhalte Deines Unterbewusstseins sind dafür verantwortlich, was Du denkst.

Wissenschaftler sagen uns, dass jede Sekunde 400 Milliarden Bits Informationen auf uns einstürmen. Aber lediglich 2000 dringen bis in unser Bewusstsein durch. Das ist ein verschwindend geringer Bruchteil, irgendwo bei 0,0000000005 Prozent. Dein Unterbewusstsein blendet kontinuierlich das aus, was nicht Deinen Glaubenssätzen entspricht.

Und so sieht jeder das von der Welt, was seine Glaubenssätze widerspiegeln!

Jemand mit einer linken Ideologie, der wird überall nur die Armut des „kleinen Mannes" wahrnehmen und die vermeintliche Ungerechtigkeit dahinter. Er sieht da nur eine Horde Opfer, die nur arm sind, weil der böse Reiche den ganzen Reichtum für sich alleine beansprucht.

Aber es ist genug für alle da! Es gibt keinen Mangel an Geld!

Was ist denn Reichtum? Glaubst Du, Bill Gates hat da 500 Millionen 100-Dollar-Scheine im Keller liegen? Sein Reichtum sind elektronische Zahlen auf ebenso elektronischen Konten. Würde Bill Gates jetzt beginnen, ausdauernd an Armut zu denken, gepaart mit großer Verlustangst, dann würden einfach die Microsoft-Aktien in den Keller gehen. So könnte er innerhalb von wenigen Tagen Milliarden verlieren, ohne dass irgendwo auch nur ein Geldschein vernichtet worden wäre. Andere Menschen, die viele Microsoft-Aktien besitzen und nicht an Armut denken, würden vorher aus einem Impuls heraus ihre Aktien abstoßen. Das konnte man beim deutschen Milliardär Maschmeyer beobachten, der unmittelbar vor Ausbruch der Finanzkrise – aus einem Impuls heraus – seinen AWD für viele Hundert Millionen Euro verkaufte.

Wenn Du Armut denkst, an Armut glaubst, dann kannst Du die Chance auf Reichtum gar nicht wahrnehmen! Wenn Du allerdings an Reichtum denkst, an Reichtum glaubst, dann kannst Du auch nicht arm werden!

Deine Aufgabe besteht im täglichen Vergeben und Visualisieren!

Wenn Du täglich Deinen Reichtum visualisierst, dann

werden sich Deine Glaubenssätze gegenüber Reichtum ziemlich schnell ändern. Du wirst dann in die Lage versetzt, überall Reichtum zu sehen, Chancen zu sehen, wo Du vorher nur Mangel und Risiken gesehen hast!

Deine täglichen Gedanken werden sich nun diesen neuen Glaubenssätzen anpassen. Die 2000 Bits, die in Dein Bewusstsein vordringen, werden jetzt „Reichtum, Chance, Hoffnung" heißen, statt vorher „Armut, Risiko, Resignation".

Daran kannst Du gut erkennen, dass die Welt weder gut noch schlecht ist, sie ist einfach, wie sie ist. Es kommt lediglich darauf an, worauf Du Deinen Fokus richtest.

Fast alle Menschen dieser Welt gucken freiwillig auf Dinge, die sie nicht mögen, ja sie fühlen sich schlecht dabei, aber sie tun es trotzdem! Sie tun es, weil es jeder so tut, weil es ihrer Gewohnheit entspricht, „tagespolitisch informiert zu sein", weil sie glauben, sie seien besonders klug, wenn sie wissen, was in der Welt los ist. Aber das ist nicht richtig, niemand kann alle Informationen der Welt verarbeiten! Noch nicht einmal die NSA macht das, auch diese filtern nur die Informationen für sich heraus, von denen sie sich einen Nutzen versprechen. Mach Du es genauso!

Angenommen, da ist ein Mensch, der Fußball mag und spannungsgeladene Actionfilme.

Nun schaltet er das ZDF ein und schaut „Der Bergdoktor", um sich dann darüber zu echauffieren, was das für ein Schwachsinn ist, wie übel das Ganze ist, und danach zu verbreiten, dass heutzutage ja nur noch Müll im TV kommt. Ein anderer, der Fan von Popmusik ist, schaltet permanent einen Jazzsender ein, bis er davon Ohrensausen bekommt, um sich dann darüber zu beklagen, wie schlecht die Musik im Radio ist.

Andere Leute würden jetzt fragen, warum der das tut, fast jeder hat heute eine Auswahl von über hundert Sendern zur Verfügung, ob nun Radio oder TV, also warum guckt oder hört er etwas für ihn absolut Unerfreuliches? Sie würden nun darüber reden, dass derjenige ziemlich blöd sein muss, sich so etwas anzutun und sie hätten Recht!

Und genau das frage ich mich oft, wenn ich das Verhalten der Menschen beobachte. Sie kümmern sich ständig um Dinge, die sie **nicht wollen**, reden über Sachen, die sie **nicht wollen**, grübeln darüber nach, was sie **nicht wollen**, betrachten, was sie **nicht wollen**, um sich dann lauthals darüber zu beklagen, dass sie Resultate im Leben erhalten, die sie ebenfalls **nicht wollen**. Nur um dann noch mehr darüber zu sinnieren, was sie **nicht wollen**.

Da fragt man sich dann ernsthaft, wo denn das Problem liegt, da steckt jemand sozusagen permanent freiwillig den Kopf in den Gully, um sich dann ebenso permanent über den Gestank zu beklagen.

Das Problem liegt darin begraben, dass es einfach die Gewohnheit der meisten Menschen ist, negativ über die

Dinge zu reden.

Aber diese Gewohnheit kannst Du ändern, schon allein die Vergebung wird Deine Wahrnehmung grundlegend ändern. Du wirst nach einer Weile bemerken, dass sich Dein Blickwinkel einfach verschiebt. Wenn Du vorher z. B. bei Deinem Spiegelbild immer zuerst darauf geschaut hast, was Dir nicht so behagt, wie vielleicht eine Speckfalte, wirst Du bemerken, dass Du auf einmal auf die guten Dinge schaust, auf welche, die Dir gefallen.

Auch wenn Du in die Welt rausblickst, wirst Du plötzlich das wahrnehmen, was Du richtig gut und toll findest!

Du kannst die ganze Angelegenheit natürlich noch dadurch beschleunigen, indem Du ganz bewusst beschließt, nur noch darauf Deine Aufmerksamkeit zu richten, was Dir gefällt, was Du magst!

Das ist gar nicht besonders schwer, eigentlich nur eine Entscheidung. Im Grunde ist es nur die Intention, intelligent zu handeln, weil ja dieses Betrachten von Unerwünschtem ziemlich einfältig anmutet.

Jedes Mal, wenn Du jemand anderen für etwas verantwortlich machst, was in **Deinem Leben** geschah, degradierst Du Dich selbst zu einem Opfer.

Das Gesetz der Anziehung regelt aber ganz klar, dass Du selbst **jede einzelne** Situation in Deinem Leben erschaffen hast!

Natürlich wurdest Du geprägt, und viele haben Dir, als Du noch ein Kind warst, gehörigen Schwachsinn erzählt, was man so macht und was man auf gar keinen Fall machen darf, was sich gehört und was sich nicht gehört! Und vor allem, was Du tun musst, um der Gute zu sein, dass Du fleißig sein musst und rechtschaffen usw.

Aber nun bist Du kein Kind mehr und hast die Macht, selbst Gedanken zu denken und Deine negativen Prägungen mit Vergebung und Vision aufzubrechen! O. k., dazu gehört schon ein bisschen Mut, aber den Mutigen gehört die Welt.

Was hast Du davon, wenn Du 50 bist, krank, pleite und einsam, aber der Mainstream Dich als „Guten" bezeichnet? Oder besser gesagt als armes Opfer, was ja nun mal nicht anders handeln konnte.

Ganz im Ernst, ich bin jedenfalls lieber unanständig reich und muss mir vielleicht von einigen Losern anhören, dass ich materialistisch eingestellt bin, als dass ich als das arme Opfer angesehen werde, der ja nichts dafür kann, dass es ihm so dreckig geht!

Denn es gibt kein „kann nichts dafür". Das ist ein Spruch von Leuten, welche die universellen Gesetze aufgrund ihrer Ideologie nicht verstehen wollen!

Wenn Du dieses Programm gnadenlos durchziehst, wirst Du für den Rest Deines Lebens zu den Gewinnern zählen.

Denn jetzt weißt Du ganz genau, wie Du die Inhalte Deines Unterbewusstseins veränderst, um Deine gewünschte Zukunft zu erhalten!

Vor dem Gesetz der Anziehung bist Du immer allein! Weil ausschließlich das zu Dir gelangen kann, was **Du selbst** ausgesendet hast!

Dazu zählen auch sämtliche Menschen, mit denen Du in Deinem Leben zu tun hast! Du hast nur Kollegen, die alle faul sind? Das heißt nicht, dass Du selbst faul bist, aber vielleicht verachtest Du Faulheit? Magst du faule Menschen nicht besonders? Regst Dich immer wieder über faule Menschen auf? Dann weißt Du jetzt, warum sie verstärkt in **Deinem Leben** sind! Beachtung bringt Verstärkung! Das, worauf Du Deine Gedankenenergie richtest, das wird verstärkt in Deinem Leben Ausdruck finden. Wenn Du Dich jetzt weiter über diese faulen Kollegen ereiferst, **wird dieser Zustand zementiert!** Es ist **Dein eigenes Ich**, was Dir da begegnet.

Dieses eigene „Ich" ziehst Du völlig anstrengungslos in Dein Leben!

Du solltest so lange an Dir arbeiten, bis nur noch erfreuliche Dinge in Deinem Leben sind!

„Nichts ist gut oder schlecht, erst unsere Gedanken machen es dazu."

Shakespeare

Genau das solltest Du für Dich dauerhaft erkennen, dass es nichts Gutes und nichts Schlechtes gibt. Es ist einfach nur eine Betrachtungsweise, das, was der eine als gut empfindet, mag der Nächste überhaupt nicht.

23. Noch mal Handeln...

Handeln wird oft von vielen Trainern in den Vordergrund gesetzt. Ich möchte Dich hiermit nochmals nachdrücklich daran erinnern, dass Du immer gemäß Deiner Prägung empfängst!

Du selbst zu sein, das ist niemals mit Anstrengung verbunden. Glaubst Du, Bill Gates strengt sich ganz besonders an, dass er so viel Geld hat? Er hat in seinem Leben vermutlich weniger gearbeitet als so mancher Fabrik- oder Bauarbeiter!

Er bekommt völlig anstrengungslos das vom Universum, was er zuvor ausgesendet hat! Ein Radio empfängt einen Sender auch völlig anstrengungslos, wenn die richtige Frequenz eingestellt ist. Das Radio muss sich nun nicht mehr anstrengen, wenn es einen anderen Sender empfangen möchte, der bessere Musik spielt. Es muss lediglich auf eine andere Frequenz eingestellt werden! Und so ist es mit jedem Menschen. Diese empfangen einfach aufgrund dessen, was sie aussenden. Wenn Du mehr willst, als Du bereits hast, dann ändere Deine Frequenz, indem Du durch Vision Deinem Unterbewusstsein andere Inhalte aufprägst. Dazu musst Du Dich nun nicht mehr anstrengen als vorher, nein, es genügt, **andere** Frequenzen auszustrahlen, um **andere** Dinge und Begebenheiten mit der neuen Schwingung zu empfangen! Das ist eigentlich völlig logisch.

Das alte Märchen, dass man hart arbeiten muss, um es zu etwas zu bringen, ist völliger Unfug und beruht lediglich auf kirchlichen Überlieferungen, die von den reichen Feudalherren und der reichen Kirche verbreitet wurden. Sie haben den Menschen erzählt, dass man hart arbeiten und Entbehrungen auf sich nehmen muss, damit Gott einen liebt und Einzug ins Paradies gewährt. Guck Dir doch mal die Forbes-Liste der reichsten Menschen dieser Welt an. Siehst Du da abgekämpfte, verbrauchte Gestalten mit krummem Buckel von der ganzen schweren Arbeit? Nein, Du siehst strahlende, positive Menschen!

Viele von denen arbeiten gar nicht mehr, wie z. B. Bill Gates, er hat das operative Geschäft für Microsoft schon lange abgegeben und widmet sich in Vollzeit zusammen mit seiner Frau seinem liebsten Hobby: anderen Menschen zu helfen!

Du musst nicht hart arbeiten, um reich zu werden. Es gibt genügend Beispiele in dieser Welt von Menschen, die wenig arbeiten und sehr reich sind, und andere Beispiele von Menschen, die sehr schwer arbeiten und gerade so über die Runden kommen.

Du musst Reichtum ausstrahlen, um diesen wieder zu Dir zu ziehen!

Genauso ist das, wenn jemand abnehmen oder mit dem Rauchen aufhören möchte. Nur weil er sagt, ich werde das jetzt tun, ist es noch lange kein Erfolg. Es ist lediglich eine Willensbekundung, weiter nichts.

Wie viele Menschen kennst Du, die diesen Willen bekundet haben, und wie viele von denen haben es auf Anhieb geschafft? Sie können nicht abnehmen, weil ihre Prägung „dicksein" lautet oder „Raucher". Es muss zuerst diese Prägung verändert werden, durch die Methoden, die ich Dir nannte, dann kommt der Rest von ganz allein, ohne Handeln, ohne Arbeit, ohne Willenskraft. Es wird immer gesagt, „er konnte es nicht schaffen, sein innerer Schweinehund war stärker", aber es gibt keinen inneren Schweinehund. Es ist Deine Prägung und diese dominiert Dein Leben. Ändere diese, und leidliches Handeln gehört ab sofort Deiner Vergangenheit an!

Also arbeite weiter daran, Deine Schwingung zu verbessern. Das ist die einzige Arbeit mit göttlicher Erfolgsgarantie!

24. Zum Schluss

Wenn Wladimir Klitschko sich für einen WM-Fight vorbereitet, dann geht er in ein Trainingslager. In diesem Trainingscamp geht es richtig zur Sache! Es ist ein unglaubliches Programm, das da täglich absolviert wird.

Glaubst Du, dass jetzt Wladimir zu seinem Trainer sagt: „Du, heute ist Samstag. Am Abend gibt's ein gutes Fernsehprogramm, lass uns das Training vergessen, morgen ist auch noch ein Tag!"

Natürlich wird Wladimir diesen Vorschlag **niemals** machen. Glaubst Du, wenn jemand anderer ihm diesen Vorschlag machen würde, würde er sagen: „Ja toll, machen wir so"? Wäre es sein Trainer, der diesen Vorschlag machte, würde er ihn vermutlich feuern. Wäre es sein Bruder, würde er ihm einen Arzt rufen. Nichts und niemand können ihn davon abhalten, eine knallharte Wettkampfvorbereitung zu absolvieren!

Dieses Arbeitsbuch hier ist **Deine** Vorbereitung auf das Leben Deiner Träume. Da sollte es absolut nichts Wichtigeres geben als das!

Weder ein Fernsehprogramm noch eine Party vom besten Kumpel können Dir etwas wirklich Gutes geben. Vom Kater mal abgesehen ist die Party ein paar Tage später schon wieder vergessen.

Ich weiß, das sind harte Worte, aber Loser gibt es genug! Ich war selbst mal so einer, dem die Vorabendserie oder die Party als wirklich wichtig erschienen!

Aber dann lernte ich das Gesetz der Anziehung kennen, und ich wusste, dass es eine Möglichkeit gibt, wirklich **alles** in mein Leben zu ziehen, was ich möchte. Aber ich habe auch erkannt, dass das nur mit einer großen Portion Selbstdisziplin funktioniert.

Ich kenne genug Menschen, die sich schon mit dem Gesetz der Anziehung beschäftigt haben und die Wirkungsweise dessen im Grunde auch verstanden haben. Sie haben mal ein Buch darüber gelesen, und nun glauben sie, dass sie automatisch ein obergeiles Leben haben werden, aber das ist kompletter Schwachsinn!

Durch das theoretische Verständnis einer Sache lassen sich keine Veränderungen hervorbringen!

DU MUSST ES TUN! Du musst die Selbstdisziplin aufbringen und musst Dein Unterbewusstsein umprogrammieren. Ansonsten vergiss Deine Träume. Du wirst sie niemals leben! Dein Leben wird nicht ein bisschen besser werden, warum sollte es auch? Die Inhalte Deines Unterbewusstseins haben sich nicht geändert, also wird sich Deine Realität ebenso wenig ändern.

Du kannst ja zu der Party gehen, aber sieh zu, dass Du **vorher** bereits Deine Vergebung praktiziert und in der Vision das Leben Deiner Träume gesehen hast!

Und achte darauf, dass Du das jeden Tag tust – ausnahmslos –und erwarte nicht, dass sich sofort etwas ändert. Suche nicht täglich nach Anzeichen, dass Deine Ziele schon im Anmarsch sind. Sie kommen ganz gewiss, das ist nun mal Gesetz! Sei einfach geduldig, zieh dieses Programm durch und Du wirst Dich einfach gut fühlen, und Deine wahren Träume werden mit jedem Tag ein Stück näher rücken. Diese Disziplin, das zu machen, ist der Schlüssel zu Deinem Erfolg.

Du sendest aus, das Gesetz der Anziehung bringt Dir die Äquivalente dieser Schwingungen wieder zurück. Also suche nicht im Außen nach Deinem Glück, denn Du musst lediglich das verändern, was Du in Deinem Inneren hast.

Wie innen, so außen, diesen Spruch solltest Du ab sofort wörtlich nehmen. Wenn Dir etwas in Deinem Leben nicht gefällt, wende Dich nach innen und verbessere die Inhalte Deines Unterbewusstseins!

Dem ist nichts mehr hinzuzufügen!

Es liegt ganz allein bei Dir!

Impressum

Copyright: © 2014 Andreas Boskugel

Rich Verlag Andreas Boskugel

ISBN 978-3-95754-001-0

2. Auflage

Weitere Werke von Andreas Boskugel:

DENKE! ANDRES
Das wohl wertvollste Buch der Welt!
316 Seiten, Softcover, 19,99 €
ISBN 978-3-9815377-9-6

Das Buch DENKE! ANDRES enthält atemberaubende Informationen, die Dir den Durchbruch in Deinem Leben bringen. Du wirst ohne große Anstrengungen zu einer Naturgewalt, der sich nichts in den Weg stellen kann. Egal wo Du stehst, egal wer Du bist, egal was Du besitzt. Ganz gleich was es ist, Dein Körper, Deine Beziehungen oder Deine Finanzen, Du wirst in kürzester Zeit das haben, was Du schon immer wolltest! Die bahnbrechende Philosophie dieses Werkes ist der Schlüssel zu Deinem Erfolg. Dieses Buch enthält radikal neue Ansätze, wie auch Du Dein Leben in Rekordgeschwindigkeit ohne große Anstrengungen in die gewünschte Richtung bringst!

RICHTIG DENKEN!
Ein extrem wertvolles Buch!
96 Seiten, Taschenbuch, 6,99 €
ISBN. 978-3-9815377-4-1

Wenn du dein Leben um 20% verbessern willst, nehme einen der
üblichen Mainstream-Autoren, die erzählen dir was von positivem
Denken, harter Arbeit und wie Du den widrigen Umständen in
Deinen Erfahrungen angemessener begegnest. Willst Du dagegen
den wahren Erfolg, dann lerne bei Andreas Boskugel, wie Du
deine Erfahrungen gestaltest, bevor sie überhaupt entstehen! Wenn
Du Dein Leben ENTSCHEIDEND verbessern willst, aber dennoch
aus eigener Kraft nicht weiter kommst, ist Andreas Boskugel der
Spezialist, der dich mit seinen unkonventionellen Maßnahmen,
seiner exorbitanten Offenheit, seiner magischen Leidenschaft für
Erfolg auf kürzesten Weg dahin bringt, wo Du hin willst. In diesem Buch wird der Grundgedanke von dem Standartwerk
"DENKE! ANDERS" in stark komprimierter Form vermittelt.

FREI vom Alkohol

Ohne Kampf ohne Willenskraft zu ersehnten Freiheit
96 Seiten, Taschenbuch, 11,99 €
ISBN 978-3-9815377-6-5

Die meisten Bücher zu diesem Thema werden von „Therapeuten"
geschrieben, die mit theoretischem Halbwissen aufwarten, die gar
nicht nachempfinden können, worüber sie da sprechen. Andreas
Boskugel trank über 15 Jahre exzessiv, bevor er eine Technik
entwickelte, mit deren Hilfe sich jeder Mensch selbst aus der Falle
der Sucht befreien kann. Und das ohne Entzugsklinik, ohne Grup-
pentherapie, ohne Willenskraft. „Es wird das Größte sein, das
Nachhaltigste, was Du jemals getan hast."

Boskugels Methode funktioniert ganz hervorragend und das völlig
entspannt!

DVD
„Ich erschaffe mir die Welt, wie sie mir gefällt"
Live Seminar Mitschnitt
Laufzeit 128 Minuten, 19,99 €
ISBN 978-3-95754-000-3

Boskugel, Autor des Bestsellers "DENKE! ANDERS", bringt auf
diesem Seminar-Mitschnitt das Gesetz der Anziehung auf den
Punkt und offenbart, wie es jeder schaffen kann, sein Leben in
Rekordgeschwindigkeit zu verbessern.
Er zeigt einen klaren Weg auf, wie es jedem gelingen kann, seinen
Traum zu leben.
Die Lehren des Ausnahmetrainers Boskugel sind deshalb so wir-
kungsvoll, weil sie völlig frei von weltlichem, religiösem und
ideologischem Ballast sind!

Die schönen Motive mit inspirierenden Sprüchen aus der Feder des Erfolgsautors Andreas Boskugel.

(natürlich in Farbe!)

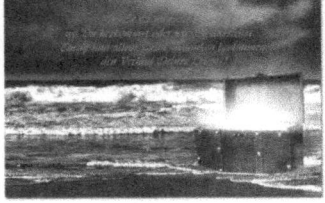

Die Poster sind in Premium-Druckqualität. Ideal für das Arbeitszimmer, um positiv ausgerichtet zu bleiben. Die Postkarte ist ideal als Lesezeichen, Dekoration des Arbeitsplatzes oder zum verschicken.

In verschiedenen Größen: A1, A2 und Postkarte.
Erhältlich in unserer Onlineshop
www.andreas-boskugel.de
oder bei Amazon